真
健
康
HEALTH

許瑞云醫師．陳煥章中醫老師——著

哈佛醫師養生法2

給外食族、上班族、壓力族的健康指南，從身體到心靈，全面安頓！

身心靈的播種者

文◎【茂迪股份有限公司副董事長】曾永輝

許瑞云醫師不僅是位西醫，也是身心靈健康的推手，在醫病關係互動的同時，讓人覺得如沐春風，能適時地幫助病人解脫心靈困境，頓時生理的病痛好像也舒坦多了。許醫師的行醫風格很另類、很特別，是以身心靈的角度切入，時常苦口婆心地灌輸身心靈是一體的重要觀念。

二〇〇九年十一月，我在慈濟新舞台靜思書軒聆聽《哈佛醫師養生法》作者許瑞云醫師的演講。之前因舌側緣破幾個洞的嘴破情況，已看過幾位醫師，一直未見改善，這個問題困擾我許久，沒想到許醫師一看，就說「用斷食來排毒，讓身體的機能休息及自然修復，如同電腦的 reset」。當時，我一聽至少要七天都不能吃，心中非常惶恐，猶豫一個多月，幸好有內人的協助，才鼓起勇氣開始斷食，且連續九天。斷食的過程中，體力漸差，肌肉也鬆弛些，但聽覺靈敏，頭腦更清楚，精神更能專注，嘴巴常破的問題已改善大半，在許醫師不斷地鼓勵下，復食後持續素食，也盡量不喝酒，至今兩年多了！

有緣認識許醫師，敬佩她的堅持——奉行身心靈一體的治療法和勇氣——千山萬水我獨行——幾乎很少開藥單的自然療法，因此在朋友圈裡，廣為宣傳，若有朋友身體狀況遇到瓶頸，都會轉介到許醫師這邊，後來朋友圈一傳十，紛紛安排許醫師到扶輪社演講，外商企業、還有企業界老闆推介給員工。許醫師總是不厭其煩地在餐敘中倡導「生病是一種結果，要深層探討生病的原因來自哪裡？其根源在於飲食、情緒、壓力——等身心靈所造成的結果」，一針見血，直指病灶，常讓在座的聽眾心頭一震，令人折服。

個人在看許醫師前，除了嘴破問題，甲狀腺長一個結，橫結腸有一顆管狀線瘤（大腸瘜肉），還有血清總膽紅素、直接膽紅素略高等。如今，甲狀腺結已模糊了，不必再定期追蹤；直接膽紅素回到標準值；大腸瘜肉切除後，經兩年多後再檢查，尚未發現有新長出的大腸瘜肉。雖然並無臨床證明，這些病症的改善是因個人斷食及長期素食的結果，但是在這段期間，我的身體真的改善許多！（附註：斷食要有專人指導，才得以正確進行，我個人是經由許醫師指導的。）

基於「身體是吃出來的」理念，我家中飲食注重清淡、營養均衡，有幸遇到許醫師，長期請益，更加了解如何選擇好的食物、烹煮、用料等方法，和享受美食之餘也能兼顧身體健康。另外關於工作和日常生活中的操煩，在接受許醫師的建言後，能感受到輕鬆快樂，內心也平靜舒坦許多，並且學習在飲食、身心靈方面的調整，讓自己身、心更健康，頭腦較清楚！

許醫師秉持醫病且醫心的信念，提倡飲食方法、身心靈調整對人身心健康的重要觀念，奔走募款，聘請專業人士到花蓮慈濟醫學院，教授醫學生相關醫學人文教育的養成，讓日後的醫師能以「視病如親，救人第一」為職志；利用工作之餘的週末、假日，上電視和在全台各地傳播身心靈健康觀念，還不辭辛勞地到國外分享，在個人看來，許醫師可說是身心靈的播種者，也是苦行僧！

現在許醫師願意將看病累積的案例，以及持續國內外進修的專業知識心得，編印成書，分享給社會大眾，希望對國人身心靈健康有所裨益！期待已久的《哈佛醫師養生法2》即將出版，特以醫病關係、好友的感情，書寫這段時日相處學習的真實紀錄！

不再焦慮和胡思亂想，真的很快樂

文◎吳珮翎（女，二十八歲）

當初是為了先生愛喝酒，導致自己常常容易焦慮及胡思幻想；每天心裡總是想先生下班為什麼總是不喜歡回家？也為了此事常常和先生起爭執。同時，我有定時要回台大精神科門診看診，和台大的醫生聊過，覺得我不應該把生活所有的重心放在先生身上，但我還是不知從何做起。

後來透過友人的介紹，才到慈濟醫院找許醫師求診。記得當天看診，許醫師先和我聊一下，之後醫師說我是容易焦慮、容易胡思亂想，全都是自尋煩惱。許醫師先幫我做情緒能量的調整之後，我馬上覺得心情平靜許多，先前所有的不安頓時消失許多，連同行一起去的友人都明顯覺得我的氣色改變很多。

從看完診那天起，我就開始吃素，至今已經兩個月了。我也試著照許醫師的話去做；一切事情的發生都有其因緣，用感恩、接納和寬容的心去看待每一件人、事、物。或許是因為我的改變真的讓我的先生感受到了，先生現在也會常常跟我說感恩！現在的我真的很快樂，也非常感恩許醫師讓我的生活變得不一樣。

調整飲食加改善情緒，糖尿病不藥而癒

文◎陳嘉惠（女，六十二歲）

朋友告訴我慈濟有一位許醫師，用自然療法和飲食，可以不吃藥把病治好，並且很熱心地幫我掛號。我心想有那麼好的醫師嗎？以前看過數位醫生，都是吃藥吃不好而開刀，如果真的能不必吃藥就太好了，我一定要去給她看。

我是兩年前發現遺傳了糖尿病，我的血壓升高，末梢神經也經常麻麻的，在去年五月時右眼還因此中風，皮膚也經常過敏，吃了兩年藥後，血糖一點也沒有降，我一點法子也沒有，心想我可能會跟母親一樣。母親以前也一樣有糖尿病，也是一樣地吃藥、打針，她也有末梢神經的問題，最後是因為腳部受傷後，引起敗血症而身故。見了許醫師後，她告訴我不是因為遺傳，是飲食和情緒出了問題，她教我改變飲食，吃五穀雜糧和堅果，也做了斷食排毒，並且還要我每天拉筋，加強肝腎功能和提升免疫力（我特地請人做了一張拉筋的長條椅）。而且每天要記錄血糖，注意所吃的食物對血糖的影響。我因為不想走母親以前的路，便聽從許醫師的話努力地去做，幾個月下來後果然效果很好。

長時間以來，我因為覺得自己最照顧的親人不但沒有感恩我，讓我投資的錢血本無歸，還誤會我貪得無厭，內心經常感到十分氣憤；去年八月我的先生得了腦瘤，我也因此而傷心、煩惱。我發現當我生氣或煩惱時，血糖就會比較高，許醫師要我將這些負面的情緒放掉，也教我一些調節能量的方法來處理自己的情緒，為了自己的健康，我盡量不去想那些會讓我生氣的人和事。

半個月後，我從原本吃三種藥，減為二種藥；二個月後又減為只服用一種藥；四個月後，剩下的那一種藥我只用來備用，除非血糖飆高，否則幾乎很少吃了。過一陣子我會再驗一次血追蹤病情，我想我一定能把藥完全戒掉。

現在我末梢神經的問題好了，皮膚病也好了，血糖也降了，心情也變好了。從我的經驗可以證明許醫師的方法非常好，感謝許醫師，也希望大家都可以和我一樣健康、快樂。

推薦與見證──4

健康抗漲，幸福不打烊

文◎劉永祥（男，三十六歲）

聽聞許醫生的新書要出版了！這真是企求健康的讀者一大福音。上一本《哈佛醫師養生法》分享了許多保持健康活力的資訊。現代人工作壓力大，常常透過美食聚餐來紓解壓力。雖然無可厚非，但日積月累下，也無形「儲蓄」了不少毒素在身體中。應該沒有人喜歡吃藥吧，那麼就要從吃得健康、活得健康開始努力囉！

初次和許醫師見面，是以病人的身分認識（苦笑）。那陣子因為工作的關係，腸胃不好的問題時常困擾著我，上一秒可能還談笑依舊，下一秒就因為胃潰瘍發作咬牙皺眉。求救不少醫生，卻苦無進展，得到的答案，大部分皆是因為現代人生活壓力云云。這種苦痛的黑暗時光，我與其抗戰了數年之久，櫥窗上永遠置放著各家醫院藥袋的戰利品，簡直將胃乳當成鮮乳牛飲，實是不堪回首……

嘗試斷食療法是未知的陌生領域，剛聽到「斷食」二字，我聯想到無非是電視上播報的絕食抗議，或者飢餓三十的體驗飢餓活動。然而接受治療以後，我才明白，身體本來就有自然療癒的功能，像是「土地」會自我調節、藏納生命的力量，只是我們通常用「懶」

和「沒時間」等藉口，繼續將毒素不在意地累積。

接受治療之際，剛開始十分難受，連路過聞到雞排味，都不爭氣地勾起食物的慾望。經過排毒後，不只胃潰瘍的「燒心」感不再發生，也順帶幫助我戒菸成功，算是意外的大收穫。療程結束後，整個人都變得輕盈起來。這裡指的輕盈，不只是身體，亦包括了心靈。當時，我的太太一同和我體驗斷食療法。其後參加友人婚禮時，朋友還稱讚我和太太看起來神采奕奕、格外有精神。（附註：斷食須經醫師評估、指導才得以施行。）

感謝茂迪副董事長的介紹，我才得以認識許醫生。從此開展了我對「健康」的認識之途，連孔老夫子都曾說：「不時不食」，可見古人也是很重視養生和飲食的重要性，均要按四季、時令吃對食物。

分享知識，將生活種種化成愛心，傳達給社會大眾，正是許醫師不藏私之處。謝謝許醫師讓我重拾幸福生活，體會到健康永遠是生命的原動力，感恩啦！

治好甲狀腺低下，我的人生從此完全改觀

文◎蘇靜儀（女，三十九歲）

因為我本身甲狀腺低下，所以每個月要去國軍八〇四醫院拿藥，每天也必須服藥，導致全身水腫、月亮臉、脾氣不好、常常失眠，每天都覺得很累。記得第一次去花蓮看門診時，許醫師先詢問我的狀況；我告訴許醫師我有甲狀腺低下的症狀，常常都覺得很累，但想睡又睡不著。許醫師問我有什麼壓力，我告訴許醫師：（一）媽媽的往生讓我很難過，但又不能表現出來怕爸爸難過；所以一直壓抑著自己。（二）因為我先生是職業軍人，婆婆臥床又有糖尿病所以都需要有人照顧，當時公公又因心臟疾病也做兩次手術，而公公只要有事都會要我去辦，讓我備感壓力；再加上當時和大伯一家人住在一起，常常溝通不良，所以產生很多的誤解。許醫師先幫我調了情緒能量，教我要如何用感恩和祝福的心去做及看待每一件事，也要懂得適度表達自己的感受，能承擔的就承擔，無法承擔的也要懂得用愛拒絕。另外還教我三種運動要我回去做，回家後我也很認真地配合，當天晚上我居然一覺到天亮。之後，我常常很感恩公公，也常和大嫂聊一聊，現在和大嫂也相處得很好，而且大嫂也繳了慈濟善款。

從看診後的隔天開始至今已經兩年，我沒用過一顆藥，之後陸續回診四次，許醫師也幫我做過斷食。現在的我每天都可以快樂地出去做志工，不只是我的改變，連帶地先生及兩個兒子都有極大的改變了。先生以前因是職業軍人的關係，對孩子的一言一行都很嚴格，所以孩子看到他都會害怕；經過許醫師的告知才了解，小兒子的駝背和腹瀉和爸爸有關係，是因為害怕、沒自信。和先生溝通之後，現在兩個孩子和爸爸相處融洽，無話不談，也讓我的家庭生活更和樂。

目錄

第3章——斷食的好處與做法

第4章——檢視你的生活習慣

第5章——提高效率的專注力養成法

第6章——要健康也要能量

附錄——優良商號及產品推薦

前言——

自我療癒，重獲身心靈的健康

真正的預防醫學靠自己

戰國時代有位名醫扁鵲，醫術精湛聞名於世，許多人慕名求醫，不過扁鵲總說：「我的醫術和我哥哥相比，根本不算什麼！我大哥治病，治於病還未成形時；我二哥治病，治於病還細如毫髮時；而我卻必須以針刺病人血脈，拿有毒藥物給病人服用，用刀子剖開病人皮膚肌肉。我的哥哥雖然籍籍無名，卻能及早診斷出身體的警兆，使人不患病；我勞心費神才能幫助一個重症病人痊癒，我哥哥卻是讓千百人了解自己的身體，而能預防大病發生，所以像我哥哥那樣的醫者，才是真正的上醫呀！」

健康應該是輕鬆自然就能獲得的，大家都希望只要愉快地活動四肢，高興地吃著養生粥點，身體就可以健康平衡。那些需要長期吃一堆感覺負擔很重、可能有很多副作用的藥物，甚至是以減少身體自然功能，或把身體正常運作模式切割壓抑成殘缺不全的方式來爭取健康，永遠不是理想的手段。

自從行醫以來，我就一直想推廣「預防醫學」。我所指的「預防醫學」，並不是那種到醫院花大把的錢，用許多令人望而生畏的高科技儀器做一大堆掃描、抽血、驗尿等檢驗，找出一長串看不懂的數據後，再讓醫生從中去找尋身體可能有的疾病，彷彿這麼做就能確保健康，完全把自己身體健康的權責交在他人手中的那種醫學。

我想推廣的「預防醫學」，是找尋「身心靈的整體健康」，希望喚起每個人生理、心理與生俱來的自我療癒與照護能力，達到身心平衡、遠離疾病、利人利己、健康喜悅，進而活出強大生命力的一種生活態度與生活習慣。

有願就有力！一直很感恩宇宙中不可思議的力量，在學習身心靈療癒的過程中，總有不同殊勝的老師們適時出現，幫助我們、引導我們，除了誠摯地感謝他們，我很希望能傳承這些美好的因緣，把這些年來行醫習得的經驗傳得更遠、更廣，幫助更多的人恢復最佳的健康狀態，遠離藥物及疾病的困擾。

用排毒做體內環保

現代文明病這麼多，每個人多少都有些病痛，例如：上班族每天忙工作，經常出現肩頸痠痛、背痛、胃酸逆流、便秘、失眠或是壓力大、精神差、專注力無法集中等困擾。你是否想過，這些問題未必非得長期靠藥物控制，其實只要用對方法，就能自然痊癒。

許多人長期外食，老是三餐在外，除了纖維量普遍攝取不足，容易吃進高脂肪、高糖、高鹽的食物外，最大問題就是不知不覺中攝取了許多人工添加物。從早餐店、小吃店、餐廳，到便利商品的各種熟食；從麵包、飯糰、果汁、飲料，甚至是生菜沙拉的醬料，多多少少都可能含有增進口感的添加物，更別提零食、餅乾、汽水、蜜餞、泡麵等加工食品，幾乎毫無例外地都有化學添加物，就算每種食品的添加物都符合法規標準，可是外食族一天下來就可能吃進數十種食品添加物，超過每人每日的建議攝取量，再加上不同化學添加物之間可能產生的交互作用對人體造成的危害，也因為資訊不足，使得消費大眾在飲食上承擔了更多隱形的風險。

人體有自動調節維持生命力的能力，舉凡呼吸、代謝、消化、循環等機能，在正常情況下，人體會自動調整以確保身體活力，但是如果攝入過多化學物質或無營養成分，就會變成廢物及毒素累積在體內，一旦身體超過負荷，將破壞免疫力，因此需要排毒。

本書第一章將介紹一般外食常見的毒素，建議大家如何聰明選擇外食及無負擔的零食。第二章提供簡單而容易做的食譜，讓每個人都可以輕鬆、快速地在家裡料理出營養又美味的食物！第三章說明從事簡單短期斷食的方法，幫助身體排出累積的毒素，讓身體有休息及修復的機會。第四章則探討常見的不良生活習慣，並提出改善之道。第五章分享如何恢復良好的專注力和記憶力；從臨床上常見記憶力及專注力變差的個案可以知道，其實只要適當調整飲食及能量場，擁有良好的記憶力及專注力並不難。第六章則要介紹幾種常見疾病，並針對這些疾病，告訴大家如何讓身體發揮自然療癒的能力。

從身、心、靈出發來善待自己

排毒不光是排除身體垃圾，心念和情緒也會造成負能量累積，引起身體病痛。身和心是一體的，想有健康的身體，也必須調整心念情緒的能量場。本書除了提醒外食族正確的飲食觀念，透過生活習慣的檢視來找出改善的空間，也提供許多實用的食譜和生活建議。同時，「九心喜悅——快速能量調節法」ＤＶＤ，更是幫助大家藉由經絡能量及心念調整，達到增強身體免疫力，提升心靈正向能量的好方法，本書附贈了其中三項動作的示範ＤＶＤ，持續進行，可以調整氣場、改善健忘情形和提升專注力。

《黃帝內經——素問篇》說：「上古之人，藥物備而不用。」藥物再好，也不如與生俱來的自體療癒能力。唯有學習如何依照宇宙的規律善待身體，替自己的身、心、靈健康把關，才是正確養生的不二法門。

第1章

外食如何正確吃

吃不對的食物，身體早晚會出問題，面對琳瑯滿目的外食選擇，如何為自己的健康把關，實在是現代人不能輕忽的問題。

長期外食對健康有嚴重影響

每一口外食都包含數種人工添加物

大家都知道均衡飲食的重要性，但是許多人卻因為工作、生活忙碌，經常選擇外食，在公司附近的各式餐飲店打發每日三餐，或是以麵包、泡麵等方便料理果腹，也有不少人喜歡到便利超商買熟食商品，微波加熱後就能解決一餐。所以，面對琳瑯滿目的外食選擇，如何為自己的健康把關，實在是現代人不能輕忽的問題。

這些食品雖然取得方便，但是你知道每吃下一口，就可能把多少膨鬆劑、乳化劑、甘味劑、色素、合成香料等人工添加物一起吃下肚嗎？業者為了讓食物好吃和容易保存，在食品處理過程中，經常加入不同的調味劑和防腐劑等非天然物質，這些添加物再經微波加熱烹調，可能會把食物的營養破壞殆盡，吃了之後非但不能提升人體的抵抗力、免疫力，還可能囤積在體內變成毒廢物，影響健康。

長期吃人工食品的結果，會讓味蕾慢慢退化，變得無法享受食物本來的美味，無形中更讓身體淪為加工品的堆積場，加上現代人缺乏運動，容易導致代謝失衡，使得身材走樣、肥胖。其實，只要做到飲食天然均衡，避免攝取過多身體無法消化、吸收的人工食材和調味品，許多人根本不需要節食減肥。

別讓身體變成化學垃圾場

食品添加物是頭號健康殺手

有一位年紀不過三十出頭的病人，經常出現焦慮緊張、精神不濟、容易疲累等症狀，除了體重不斷增加，還有高血壓及糖尿病等問題。我發現這位病患三餐總是外食，且偏好油炸物、愛吃肉、喜歡零食和各式各樣的飲料，經過調整飲食和觀念後，短短三個月內，這個年輕人不但瘦了二十多公斤，精神變好了，血壓及血糖更都恢復了正常值，不必再服用任何控制血壓和血糖的藥品。

吃不對的食物，身體早晚會出問題。像是容易頭痛的人，有可能是吃了過多的醃漬食品，如：香腸、熱狗、酸菜、泡

吃下的食物裡若有太多食品添加物，會影響身體健康。

菜之類的醃漬加工品，而酒、咖啡、濃茶等刺激性飲料，也可能引起上癮的頭痛症候。有些人長期喝濃茶或濃咖啡，一旦不喝，就覺得渾身不對勁，甚至感到頭痛，最好慢慢戒掉這樣的習慣，才能改善頭痛的問題。

我剛回國時，外食機會較多，只要吃上幾餐，臉上就開始長痘痘，後來發現台灣的小吃店用油有很多是回鍋油，或是添加了多功能淨化劑、可延長用油週期達 400% 的食用油。還有不少餐飲業者習慣放味精，即使特別交代廚師不要放，廚房還是可能使用許多名稱不同的「類味精」調味品。更有少數不肖商人為了美化食材的賣相、延長食材的壽命，選擇動一些手腳，例如：用化學藥劑漂白，使食材看來美觀可口，或是摻入防腐劑，都是常有的事。

高脂肪、高糖、高鹽的食物和含化學添加物的食品，正是許多現代人身體不適、常感疲倦，甚至出現諸多慢性疾病的主因。試想，這些毒素隱藏在食物中被我們吃進肚子裡，又不容易被完全排出，長此以往，身體不被拖累才怪，日積月累下來，對健康的影響很大。所以如果常常覺得累、皮膚變差，其實就是身體發出的警訊，可能是肝膽或腎臟等排毒器官出現問題了。

任何非天然的食物都有害

台灣位於亞熱帶，氣候較潮濕，很多東西不易保存，像是麵包、點心等全麥、全穀類製品，擺在正常室溫下幾天應該就會發霉，如果不會發霉，肯定是加了防腐劑。曾有個朋友把一盒蛋糕遺忘在車內，一個月後才發現；夏天的車廂溫度很高，結果發現時蛋糕竟完好如初！這讓她大為吃驚，心想：蛋糕中不知摻了多少防腐劑和化學添加物，才會連黴菌都無法消化，何況是人呢！

食品添加物不是天然存在於食品中的物質，而是另外經由化學成分製造出來的產物，儘管政府相關單位已制定了合法的食品添加物標準和使用規範，但若遇到不肖廠商違規使用，對人體可能造成極大傷害，之前的塑化劑事件正是最明顯的例子。

現代食品加工技術很厲害，任何口味的食品，就連食物中的各種香味、口感、色澤，全都可以用化學物質調製出來，完全不需從真正的食材中萃取或提煉。根據統計，目前國內食品的添加物高達八千到九千種，一般常用的添加劑包括調味、防腐、抗氧化和增加營養素等功效，且各種化學添加物之間還可以再交互調配出新的添加劑。

人工調味料的隱形傷害

調味料隱藏在食物的背後，也是很容易被忽略的一環。非天然的人工調味品，裡面的化學添加物常常在不知不覺中跟著食物被攝取，長期累積在體內，終至引發疾病。

日常飲食中，「糖」幾乎無所不在，雖然現代人已有飲食宜少糖的觀念，但包羅萬象的甜點、零食，讓許多糖的替代品因為成本較低、效果更好，被食品業者廣為使用。

很多果汁只靠糖、人工色素和化學添加物混合就能製造出來，說穿了根本不是果汁，特別是一些稀少、價高又有季節性的水果，如新鮮草莓。只要幾滴草莓精，就可以沖泡出幾十杯看來美味可口的草莓汁，相較於天然草莓的價格不菲、保存不易、處理費時，自然吸引精打細算的商人選用。建議消費者即使價格較高，還是應該選擇新鮮現榨果汁，否則對身體有害無益。

此外，市面上有許多方便沖泡的穀物、堅果粉等食品，食用前最好先確認一下內含的糖、奶精或人工調味等成分。很多產品名義上雖然不是糖，例如：玉米糖漿、寡糖、麥芽糖等等，但其實也含有糖的成分。

添加物會加重器官負擔

化學添加物進入人體，會影響身體荷爾蒙機制，造成體內失衡，危害健康，引發疾病。為了因應消費需求，我們所吃的農產品、魚類及肉品在生產的過程中，常常會加入催熟劑、抗生素、生長激素、基因改造等添加劑來改變食物狀態，以滿足人類的口感要求。這些透過人工手段生產，缺乏生命能量的食物，一旦被吃進肚子裏，對身體健康常帶來看不見的傷害，身體得花極大的力氣來代謝，加重內臟器官的負擔。

超市、超商「方便食」的隱憂

聰明選擇包裝，注意加熱溫度

隨著都會生活越來越便利，加上現代食品冷凍技術的進步，職業婦女和上班族逛超市採買食物的機會，明顯比上傳統市場多。可是新鮮的食材保存不易、損耗比例又高，不合乎大型超市經營的成本效益，因此，大量的包裝食品和加工食物充斥在大型超市的貨架上，各式罐頭、乾燥和真空包裝等加工食品應有盡有。近年來街頭林立的二十四小時超商也加入這個行列，推出更多的包裝熟食或微波食品來吸引消費者青睞，這似乎代表著，要吃到真正新鮮、未加工的食物機會越來越少。

食品的保存方式很多，撇開之前提過的添加物疑慮，超市與超商多以保鮮膜和保麗龍容器來包裝生鮮食材，或是以塑膠製品盛裝熟食，但塑膠材料的成分良莠不齊，耐熱程度不一，一不小心可能釋放出有毒物質，導致環境毒素被吃下肚。加上包裝好的熟食商品，食用前多半都習慣以微波加熱，在加熱過程中，食物受到容器污染的風險更高。而店家貼

心提供的塑膠叉子、湯匙，一旦接觸到熱、油或酸性食物，也很容易釋出化學有毒物質。即便是甜點蛋糕裡的鮮奶油都算是油脂，一旦和塑膠接觸，溶出有毒物質的機率也不會少於熟食加熱。

建議常吃超商便當或食品的人，最好將食物倒入自備的不鏽鋼、陶瓷或玻璃餐具後再加熱，而不要直接使用原來的包裝加熱。

若是非得直接微波包裝食品，就要注意溫度，一旦發現加熱後容器產生變形，溶出的毒性恐怕已經進入食物中，那就別吃了，不然等於把毒素吃進肚子裡，這也是外食族要特別留意的。

聰明選擇，才不會讓超商便利的服務成為健康的危險殺手。有些便利商店販賣紙袋裝的烤番薯，就是個還不錯的零食選擇，後面會再教大家如何選擇好的零食。

避免吃高熱量、負能量的食品

「熱量」並不等於「能量」

吃到好食物會讓人全身充滿純淨的能量，相反地，若吃到不對的食物，則會破壞身體的機能。在這裡要強調一個重要觀念：「熱量」不等同於「能量」！高熱量不代表高能量，有些高熱量的食物如果跟人體頻率共振不相合，對食用者來說就是負能量的食物。比如：汽水、可樂，或是添加了人工色素及糖分的飲品，就是熱量很高，但是能量通常為負的食品。

我常在公開場合以臂力或肌力測試來說明「熱量」和「能量」的概念，讓實驗者一手持著負能量食品，測試另一手的臂力。很明顯地會發現原本有力的手，在拿著負能量食品後就變得無法使力；反之，如果是好的高能量食物，手的力氣一點也不會受影響。你也可以透過這種方法來檢測自己吃的食物到底是好還是不好，是高能量還是負能量。

根據我的測試經驗，高糖飲料和大部分的葷食、油炸物都是負能量的食物。有些很好的食物具有很高的能量，卻沒有熱量，像是普洱茶（可參考附錄）。

其實，大家可以從日常的生活中仔細察覺，如果你吃完某一餐，會覺得昏昏欲睡、精神不濟的話，通常表示吃進的食物屬於負能量；如果吃進的是高能量的好食物，精神應該會很好，因為有能量的食物，會帶給身體活力。

能量跟食物的種植、養殖及烹調過程有關。蔬果類的食物多半是在有生命力的土壤或環境中滋養成長，富含人體所需的礦物質和維生素，而大多數魚、肉類的飼養、捕獲、處理過程，會造成動物的痛苦、憤怒和恐懼，也因此會帶著負面能量。

順應能量，輕鬆轉健康

四十七歲的蕭女士，年輕時身材適中，但隨著工作年資上升，職位也跟著調動，加班機會越來越多，坐在辦公室的時間很長。近幾年，她發現身材走樣得很厲害，尤其是下半身和腹部都堆積了很多脂肪，她花了很多錢，試過很多減肥法，但都只有短暫的效果，不久之後就又恢復原樣，甚至更胖。

蕭女士的問題其實在現代人身上很常見：由於生活忙碌，幾乎都是外食，常吃便利商店食品，又因下班時間較晚，所以總是很遲才吃晚餐。這些錯誤的飲食習慣導致蕭女士身體容易疲累，越累就越不愛動，越不愛動就越容易發胖，越胖就越不想動，造成身體循環不良，所以怕冷又怕熱，而且皮膚也老化得很厲害，膚質粗糙沒有亮度，眼袋和黑眼圈越來越明顯，臉和身體都長了不少斑點，就算花錢買保養品或是做臉，也都沒有太大效果。這樣的惡性循環，讓蕭女士覺得非常沮喪無力。

其實蕭女士除了飲食出問題外，生活習慣也出了問題（詳見第四章），還好蕭女士意志堅定，在逐漸地調整飲食、作息與釋放心靈壓力之後，她的體重慢慢下降，精神好了很多，漸漸有力氣做運動，皮膚開始出現光澤，人也變漂亮了！

高能量、低熱量食物提升免疫力

一般人若沒有食物能量的觀念，容易吃進過多高熱量食物，卻總覺得老是吃不飽，容易覺得餓，很可能是因為吃的大都是負能量的食物，沒有提供身體所需要的營養素及能量，所以身體會不斷發出「不夠！不夠！」或「好餓！好餓！」的訊號，結果就是攝取過多卡路里導致發胖。其實選擇高能量、低熱量的食物，不用吃太多，就能提供身體足夠的需要，身體的養分充足，就不會飲食過量，身材自然能維持得好。

古代修道士有所謂的「避穀術」，避穀是指避開穀物的修鍊。有些修道人士在避穀時，只吃松樹向陽部分的松針，由於松針長時間接收太陽日曬，屬於高能量食物，所以能幫助修道士維持身體狀況。所以吃對能量食物，可以讓新陳代謝加速，完整轉化成身體營養，身體的免疫力自然就會提高了。

此外，千萬不要在緊張的時候進食。人在緊張狀態下會吃得很快、很難消化，連帶影響能量。用餐時要平心靜氣，慢慢咀嚼，每口至少咬三十下，以減輕胃腸負擔，讓食物充分消化吸收。有一位腸胃科的主任跟我分享他的臨床經驗，表示現代人吃東西都太快了，沒有好好細嚼慢嚥，所以胃表性發炎、胃潰瘍、胃酸逆流等毛病層出不窮。此外，很多人都喜歡一邊盯著電視、一邊進食，吃東西不專心，腦袋下達不了正確指令幫助消化食物，胃難免會出問題。

挑選適合自己的能量食物

人的口味是透過學習而來，如果一直攝取含有化學添加劑的食品，味蕾就會發生相應的變化，長期食用非天然食品，當然就會喪失對天然食物的接受度，造成感官的遲鈍。

有個簡單的方法可以測試食物是否適合自己。首先，讓自己的身心都安靜下來，然後把想測試的食物拿在手上，靠近自己的身體。如果覺得身體會往後仰，彷彿被往外推，有種離開中心點的感覺，就表示身體覺得這個食物不合適，所以產生排斥；反之，如果食物與自己頻率共振相符，身體就會被吸引，會自動往食物方向傾靠過去。

測試的時候，越能放鬆，效果越快。最好把身上的金屬物件拿掉，氣流比較容易順暢，身體越乾淨，敏感度越高，感應速度也越快。身體如果有較多廢物或濁氣，敏感度較低，感應速度很慢，就要有點耐心等待身體的反應。高能量的食物，會讓身體的氣流通暢，還有加強能量、淨化身心的功效。

經過測試通常會發現，含有化學添加物或魚、肉、蛋、奶等食品，身體常常是排斥居多。事實上，人體本來就不適合吃太多的肉類，每日攝取魚、肉、蛋、奶最好不要超過總攝取卡路里的百分之十。不過，現代人的飲食大多遠超過這個比例，有的人甚至天天有肉、餐餐有肉，真的是過多了。哈佛流行病學研究指出，攝取肉類很容易引起癌症、心臟病、中風這三種造成國人死亡的前三大病症，因此要把握多素少葷原則，一天的肉量以不超出自己手掌心的厚度和大小為宜。

體內越乾淨，身體對食物的判斷就會越敏感，這也是一種對身體的保護機制。如果你覺得自己的身體不夠敏感，可以透過輕微斷食（請見第三章），每星期選一天或半天只喝水、不進食，讓身體得到休息，進行自我修復。

● 快來測試看看，什麼食物適合你的身體？

外食餐廳和吃法要慎選

少葷多素，食物多樣化

餐館大廚燒的菜雖然看起來色香味俱全，可是真正講究營養健康的餐廳很少，因為多數人還是重視香味，寧願好吃、好看，而捨棄了營養、健康、無負擔等條件。

有些餐廳為了讓肉品料理吃起來滑嫩入味，會加入嫩精軟化肉質；有時為了讓菜色看來美觀可口，就以食用色素增色，特別是像鳳爪、麻婆豆腐、番茄炒蛋或茄汁風味的餐點，一旦食物的色澤過度紅豔，都要特別小心。餐館也很愛用鹼水來保持青菜的光澤，縮短燜煮時間，其實完全破壞了食物的營養。

還有餐廳為了增加客人的口感或飽足感，常常添加過多油脂烹煮，即使是用植物油，只要攝取過量，都會在體內囤積，而且在成本考量下，使用優質油的餐飲業者很少。

如果可以，儘可能自己做早餐、午餐自備便當、晚餐回家吃，就能有效控制食量和營養均衡。若不得不外食，要掌握少葷多素、食物多樣化的原則，確保自己健康不失分。

有機商店自製販售的早餐，以清爽健康拉開一天的序幕。

從自助餐到日本料理的建議

1. 建議平常盡量選擇到稱重計價的自助餐廳用餐，至少菜色和烹調法的選擇較多。菜色的選擇，以較多的青菜、清蒸或熱炒食物為主，避免油炸、勾芡或久滷的食物。煙燻或燒烤的肉類也要少吃，以免攝入致癌物。至於燉或燴的菜色，則要看脂肪含量多寡來決定。
2. 有些連鎖經營的有機店會提供早餐、中餐或晚餐，其實也是外食不錯的選擇。
3. 喜歡吃火鍋的人，應盡量選擇清湯鍋底，多加一、兩份蔬菜，減少使用調味沾醬，因為通常油、鹽都重，還摻了不少的味精或色素。
4. 我個人比較喜歡日本料理，因為日本料理比較清淡健康。不過，點菜時要注意，避免太多醃漬蘿蔔之類的鹹醬菜；日本人罹患心臟病、癌症的比例雖沒有其他已開發國家高，但是罹患中風、腦溢血的比例卻特別高，尤其高血壓比率最高，這可能跟愛吃鹹分很高的醃漬物有關。至於天婦羅等油炸物，則易有回鍋油，或高溫下脂肪酸被破壞致癌的問題。此外，日本人很喜歡白米飯，可是白飯的缺點就是把稻米中富含維生素、礦物質、B群等最精華的胚芽和糙米層碾去，精製的白米營養喪失殆盡，反倒容易導致肥胖和三酸甘油脂過高。除此以外，味噌湯、生菜沙拉、蕎麥麵、山藥麵、壽司、海鮮魚類（非素食者）等卡路里較低的菜色，都是不錯的選擇。不過，海鮮魚類盡量少吃，因為海鮮的重金屬污染問題很大，再加上海鮮的養殖常常會用生長激素和多種抗生素，還會有寄生蟲等問題，所以最好不要常吃。

5. 很受歡迎的吃到飽餐廳，最好要避開，除非相當節制，否則容易因為想要「撈夠本」而吃得太撐，結果反而傷害健康。其實吃到七分飽，對身體才最好。

小心塑膠桌布，多用不鏽鋼筷

餐廳的環境和衛生，當然也是選擇用餐地點時必須同時留意的。有的餐廳為了方便桌面清理，會鋪上塑料桌布，這種桌布材質多是聚氯乙烯（PVC），釋出的化學成分會透過餐具和食物進入體內，導致慢性中毒。因此，千萬不要把餐具直接放在塑料桌布上，可以自備環保筷，筷子不用時，就架在筷盒上。

也不要使用上漆的木筷、塑膠筷或免洗竹筷，木筷上的漆常含有鉛、苯等化學物質，至於塑膠筷遇油或高溫時，會釋放塑化物，建議最好使用不鏽鋼的環保筷或是沒上過漆的原木筷，比較安全。

● 日本料理可挑選卡路里較低的菜色，不過要記得：少吃白米飯！

美味小吃健康食

回鍋油連續高溫四小時就有毒

台灣美食的特色之一，就是小吃特別多，對外食族很方便。不過，吃小吃要留意回鍋油的使用，即使是耐高溫的炸油，只要連續高溫使用四小時，油脂就會開始產生變化，如果不換油，劣化的油脂將會導致內臟消化器官的嚴重負擔，提高致癌風險。另外常見的就是淨化油時添加容易致癌的含砷物，尤其是皮膚癌；砷也會引發頭痛、暈眩，甚至多重器官衰竭，所以要格外小心。

台灣業者會用濾油粉搭配濾油步驟，以吸濾油脂雜質，保持油的清澈度，延長油的使用壽命。濾油粉成分為「合成矽酸鎂」，雖然是核准限量使用的添加物，但是，經過過濾

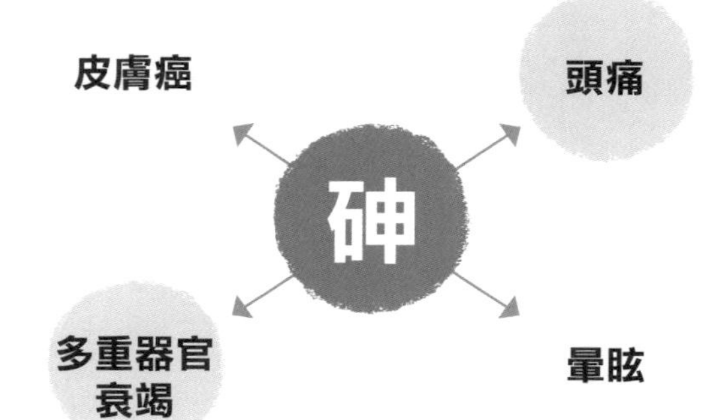

的油，並無法逆轉油品高溫加熱後引發的酸化與氧化毒性對細胞造成的破壞，只有換新油才能避免油品劣化的問題。路邊的雞排、鹽酥雞、炸臭豆腐、炸排骨等油炸食品，氣味雖然誘人，還是盡量少吃，真想放縱一下時，寧可選擇烤雞，不過雞皮最好還是不要吃。

小心高油、高鹽、高甜的高危險

速食恐營養失衡

喜歡上速食店的人要留意長期的營養失衡，因為速食食品大多高油、高鹽，缺乏營養的維生素、礦物質，造成身體養分不足，不容易感覺飽足，結果就是吃得太多導致發胖。還有像焗烤用的起司、乳酪，都是屬於高油脂，義大利麵的白醬也是卡路里超高。

高脂肪藏身勾芡中

還要小心隱藏的脂肪陷阱，像是勾芡的料理。勾芡可以增加蔬菜的口感和味道，但是料理經過勾芡後，油脂不易瀝除，舉凡糖醋、茄汁、蜜汁、醋溜等菜色，通常是先油炸再烹調，都屬於高糖、高脂類；而肉丸、獅子頭、臘腸、漢堡這些食物，多半使用高脂的絞肉製作，所以也是高脂肪食物。

人造奶油含反式脂肪

濃湯也要注意，尤其是奶油濃湯，常會用反式脂肪的人造奶油來烹煮，盡量少食用。反式脂肪是植物油氫化過的人造油，最常被用於漢堡、炸薯條、糕餅中，可以讓食物吃來酥脆不油膩，但研究發現，氫化植物油比動物性脂肪更糟，會使血液中壞膽固醇增加，好的膽固醇減少，造成血管阻塞等問題。

橄欖油加義大利醋當健康沙拉醬

很多沙拉醬，如：千島醬、起司醬、法式沙拉醬，都是高油脂。沙拉醬最好選用日式和風醬或味噌醬，脂肪較少，比較清淡。沙拉本身的熱量雖然很低，但是加上沙拉醬就容易變高，其實只要以橄欖油和義大利醋各一湯匙，拌一拌就是好吃又健康的沙拉醬了。速食麵因為多半是油炸處理過，也隱藏著很多脂肪。

天然的尚好

另外，要留意高甜度和精緻澱粉。果糖因為甜度高而且價格便宜，很容易被業者大量使用於各種飲料和甜點中，但是食用

少吃高油脂的沙拉醬。

最好用清淡的味噌醬。

過多果糖會轉化成脂肪，造成脂肪肝，導致肥胖，或是新陳代謝症候的病症。純天然的蜂蜜或蔗糖比較能夠補充身體能量，但是一般業者基於成本考量比較不可能選用，甚至還有魚目混珠的假蜂蜜，加入玉米糖漿，會讓人越吃越胖。

此外，外食族大多以白飯、麵條、麵包為主食，不知不覺就吃進過多的精緻澱粉和碳水化合物。加工食品，如米粉，也常有添加澱粉或玉米粉、太白粉，甚至加以漂白來增加米粉的賣相，吃了都會增加胰臟和肝臟的負擔。

低卡、少化學，才是好零食

三餐如果按時吃、吃得舒服、吃足分量，其實不會想吃零食，何況市面上充斥太多人工調味的加工品，絕大部分的零食都含高糖又含色素，嚴格說來對身體都不好，不宜多吃。糖分若吃太多，會加速老化，所以唯有少吃糖才能抗老化。時下流行的下午茶，常是過度精製的甜點或內含高油的酥餅，對身體來說負擔都很大。

甜分較低的水果最好

如果真的想吃零食，就要選擇低卡路里、少添加物的零食，像是甜分不會太高的水果就是不錯的零食，如：芭樂、蓮霧、蘋果、桃子、鳳梨都是很好的選擇。此外，挑水果時，我都會盡量選擇土生土長的在地品種，像是非改良性、稍微甜中帶酸的鳳梨。

現代人常熬夜，多偏食，很多人肝都不大好，這時吃點帶酸性的水果當零食，可以幫助護肝，像是用小番茄蘸著梅子粉吃，梅子含豐富的維生素、有機酸、礦物質等，嚐起來雖是酸味，但經過消化吸收後會形成鹼性物質，使人體血液保持中性至微鹼性，具有促進新陳代謝、刺激腸胃蠕動、幫助消化、淨化血液、提高免疫力和延緩老化等功效。現代人飲食多為酸性，平日若能吃些梅子或將梅子泡水喝當作保健，有助於平衡血液中的酸鹼值（可參考附錄），不過，胃酸過多的人就不宜多吃。

好吃的零食選擇多

番薯、菱角、山芋頭、玉米都是不錯的零食選項，其中蒸的又比烤的好，可避免因溫度太高而導致變質、產生有毒物。另外，各式堅果也是值得推薦的零食，但要盡量選擇原味烘焙的口味，避免加糖加鹽過度調味。

再者，非油炸的自然糙米做成的米果也是個好選擇，一般有機店可以買得到。還有天然釀製的梅子乾，沒有糖精或是代糖的問題，也是很好的零食。不會太甜的黑芝麻糖也是我很喜歡的產品（可參考附錄），黑芝麻含有高量的鈣和礦物質，對身體很好。

簡單點心自己做

炎炎夏季，如果想吃點冰品，就把香蕉剝皮後凍成冰棒，或是把葡萄洗淨，凍成冰葡萄粒，不然將芒果削皮去心後冷凍成塊，也可以將釋迦去皮去籽後冰凍，都是酷夏中可口誘人的點心，比起市售的冰淇淋或冰棒要營養健康得多。

天然的愛玉或仙草也是夏日的理想冰品，但市面上賣的愛玉或仙草有許多是假貨或化學添加物合成品，購買時要小心。有空的話，自己在家煮些綠豆湯、薏仁湯當點心，或用營養價值高、富含礦物質、膠質且熱量低的珊瑚草做成美味的珊瑚草凍，都是很好的零食。

冬天可以熬煮紅豆湯、桂圓糯米紅棗粥等甜品，一次多煮一點，要吃的時候再取出加熱，偶爾用真空保溫盒裝著帶到辦公室當點心，吃的時候會有濃濃的幸福感。

Q彈美味的珊瑚草凍

珊瑚草的品質好壞差很多，好的珊瑚草乾燥時顏色自然，枝粗大，泡水後枝葉肥厚飽滿、有彈性且色澤漂亮。

主要材料：

珊瑚草五十克，開水五百 cc，黑糖適量（或以甜菊糖或木寡糖代替）。

簡便做法：

1. 取珊瑚草五十克洗淨後，以冷水浸泡約八小時，中間換水二到三次，泡開後切成小段。
2. 將泡好的珊瑚草加五百 cc 開水與適量黑糖（如果是糖尿病患或不想吃太多熱量，可用甜菊糖或木寡糖代替），以調理機打成糊狀後，倒進鍋中加熱攪拌。
3. 煮開後即可熄火，倒入容器靜置，冷卻後放入冰箱冷藏，冰鎮後即可食用。
4. 還可依個人喜好加入蜂蜜與檸檬、龍眼乾與枸杞，或將水果切小塊後一起食用。

素食也能吃出營養和健康

補充能量，調理氣血

我很鼓勵人們吃素，避免魚、肉、蛋、奶等對身體和環境不好的食物。外食人口中的素食者為數不少，不過，素食者如果對於飲食觀念不正確，還是可能引起許多心血管疾病。其實只要有基本的健康飲食概念、補充營養素，吃素者也能吃得健康。在本篇，我將說明素食的病人和小孩如何調養補充營養的做法，提供給平日忙於上班還必須照顧家庭的職業婦女及家人參考。

吃素的人如果平常飲食均衡和營養足夠，通常身體會比較乾淨，負能量較少，生病或手術後復元的狀況，會比大魚大肉的葷食者快速，也比較不會有便秘問題。以下是幾個可以補充能量及開刀後調理氣血的料理、食材建議：

1. 蔬菜高湯：選用幾種顏色不同的有機蔬菜，和有機黃豆芽或黑豆芽熬成高湯。冬天最好用根莖類植物，如：甜菜根、玉米、佛手瓜、山藥、地瓜等，只要加點海鹽調味，或喝原味都好。熬湯的同時，一邊注入感恩及祝福的心念，若是佛教徒，可以默唸《大悲咒》、《心經》或《六字大明咒》，能幫助提高食物能量。

2. 補氣血湯：用當歸、紅棗、枸杞、黃耆一起熬煮後當水喝，可以補氣血，用料不必太多，以免太濃。補充說明：將糙米或小米放入蔬菜高湯或是補氣血湯中，熬成粥還可幫助消化、吸收。

3. 珊瑚草：富含鈣、鐵、磷、鎂、鉀、硒、錳等礦物質，可補充膠質及礦物質，是很好的天然食材。

吃得適當，兒童素食好處多

蛋白質的來源

只要注意蛋白質的來源，適當的茹素對孩童非常好。吃素者可以從堅果、種子、豆類等食物中攝取蛋白質，堅果中最有營養的是核桃、美洲山核桃（pecan）、巴西豆、杏仁等；種子類如南瓜籽、葵瓜子、亞麻仁籽等；豆類則包含黃豆、黑豆、花豆、綠豆、米豆、紅豆等等。亞麻仁籽和核桃富含 omega3，對孩童的腦部發育很有幫助，也可以偶爾吃些從微藻提煉的素魚油來補充。

不過，兩歲以下的小孩不用吃太多蛋白質，過多的蛋白質反而有礙成長。

纖維的攝取

兒童因為胃納小，所以纖維需求量比成人少，如果吃太多粗纖維，反而不容易消化。可以用胚芽米代替糙米，用一半全麥、一半白麵粉來做麵包或饅頭，再加入具有甜度的天然食材，如：地瓜、紅蘿蔔、葡萄乾、龍眼乾等，代替糖來增添滋味。

其他營養素的補充

鈣質攝取也要足夠，黑芝麻粉、秋葵、豆腐、深綠色蔬菜等都有好的鈣含量。也要補充富含維他命B_{12}的食物，如：啤酒酵母或自然發酵食物。適度吃些巴西豆、海藻、南瓜、扁豆等含鋅食物等，可以強化免疫系統，並且要常曬太陽以補充維他命D。油類的攝取則可以替換使用冷榨橄欖油、苦茶油、芝麻油與少量沒有氫化過的椰子油。

「補氣血湯」的其中兩種材料：紅棗和枸杞。

珊瑚草可補充膠質和礦物質。

第2章

輕鬆料理 健康美食

要吃得健康又美味很容易，
只要掌握訣竅，很快就可以變出豐盛的一餐。
不但讓腸胃沒有負擔，也不必擔心吃進加工品！

好食材是美味的重要關鍵

品嘗食材的原味

最好的飲食，就是吃出食物原本的味道，而要能吃出原味，好食材當然是主要關鍵，所以食材務必要慎選。外觀漂亮不代表新鮮和安全，很多可能是被漂白，或是用了過量的農藥。

很多人不愛吃蔬菜，尤其是小孩子，這可能是因為吃到了含有太多農藥或是化肥灌溉的蔬菜，這類蔬菜常會帶有苦味和殘留的農藥味，所以不好吃。自然農法栽培的蔬菜吃起來會有甘甜味，就算是苦瓜，也是苦中帶著甘甜，大多數的孩子也都會愛吃。調味料也一樣，同樣是醬油或醋，自然釀造的一定比人工化學製造的好吃，光聞香氣，就跟刺鼻的化學味大不同。

老師，妳家的菜為什麼那麼好吃？

選用當季食材

我曾邀學生到家裡吃飯，滿桌菜餚都是用自然新鮮的蔬菜料理。結果，學生不但把所有菜都吃光了，還直嚷著不過癮，其中有好幾個學生平常可是無肉不歡，很少吃菜的「肉食動物」，用餐後卻統統變成了「草食族」。他們好奇地問我：「老師，妳家的菜為什麼那麼好吃？是放了什麼特別的調味料嗎？」其實我只是加了點海鹽而已。美味的竅門正是選對好的食材，只要挑對食材，不需畫蛇添足，就能兼具營養價值與美味可口。

挑選有機蔬果

除了當季食材，另一個原則是盡量挑選自然農法或有機的蔬果。農人們採用自然生態農法栽種出來的作物，通常也是高能量的食物來源，健康的土地孕育出來的健康作物充滿生命力，我們吃了可以得到極高的營養。盡量選擇自然健康的五穀根莖和種子類食物，如：糙米、燕麥、蕎麥、番薯等，這類作物不僅營養成分高，農藥殘留也比較少。

基本上，我還是鼓勵大家多吃有機的食物，有機的食物含較多營養素，並且減少了農藥施作，對身體較無害。不過，台灣的有機檢驗還不夠全面，市面上有很多標榜「有機」的蔬菜，事實上並非真正有機。平常可以多比較幾家，或者趁著放假時親自參訪農場實際了解，以確保品質，安心選購。如果真的沒時間，就選擇較有信譽或是有認證標章的商家（可參考附錄）。

少吃加工食品

除了多吃自然的食物，也要盡量少吃加工過的食品和再製品。經過加工的食品，就算標榜無化學添加或是極少量的調味料，或多或少還是會有一些食物安定劑或色素等添加劑，吃進身體積少成多，總是會影響健康；再不就是攝取太多的鈉或糖分，讓口味越變越重，增加腎臟和胰臟負擔。添加物對身體的負面影響已在第一章已提過了，真的要吃這類食品，一定要選擇有食品驗證標示的產品。

農場直送到商店的食材絕對比冷凍、乾燥的農產品新鮮，保有更多的酵素和生命力，是身體能完全消化、吸收和排泄的食物。越新鮮的蔬果，能被攝取的營養成分越高。如果吃經過加工的食物，身體相對要有更多的代謝工作。

回歸健康的飲食方式，減少攝取人工培養的食物或食品，就能避免對免疫力產生破壞，幫助身體增加體力、精神和能量！

四季蔬果當令吃

高能量食物對提高工作效率是絕對有幫助的。**四季順應時序所孕育出來的當季蔬果，本身即擁有人體無法自行產生的酵素與能量。**挑選在大自然生態中按照自然法則生長的作物，是最具生命力的好食物，而食用當令季節盛產的蔬果，而且最好是當地產的作物，養分最能被身體吸收。

台灣現代的農業改良技術高超，經品種改良栽種的水果作物都特別香甜可口，不過，使用農藥的習慣仍相當普遍。我個人因為身體比較敏感，只要吃到有農藥殘留的蔬果，不管是否去了皮，都會嘴巴發麻，覺得苦苦的，嚴重時還會破皮。建議大家，除非在標榜無毒的有機店採買，否則請盡量挑選當季蔬果，因為產季時作物被施灑大量化學肥料的機會較少。

春季養生：三到五月先護肝

春季養生先護肝，眼睛多看綠色植物，可以滋養肝臟，保護眼睛。肝主怒，故春天應注意情緒控制與壓力調節，保持樂觀心情，千萬不可生氣。春季要早睡早起，人臥則血歸於肝，說明了：好品質的睡眠與適當的休息，最能保肝及增進肝臟的濾毒功能。

春季飲食建議

春季飲食要甜中帶酸，以清淡為主，切忌「熱補」。

春天因陽氣生發，適合補陽氣，宜吃二月韭。韭菜又名起陽草、洗腸草，可以益肝腎，增強脾胃之氣。加上山藥、大棗，就能健脾益氣，兼補氣血、腎精。

春天可多吃的新鮮蔬菜有：菠菜、芹菜、薑。平時煮湯可加點陳皮（橘子皮）、金桔、蘿蔔、梨子等，以防感冒。

春季注意事項

春季飲食宜減少辛辣，以免燥火傷肝，並且少吃辣椒、胡椒、咖哩、五香等辛香物，避免油炸、菸酒等燥性刺激食物。同時還要避免肥肉和高脂肪的食物，以減少肝臟分解油脂的工作負擔。

春季食物的分量原則

植物性蛋白質應佔十分之一，包括豆類及堅果等優良蛋白質；蔬菜海藻類宜佔十分之四；主食佔其餘的十分之五，最好吃糙米、地瓜。

春天宜多多攝取如：胡蘿蔔、菠菜、南瓜及海藻等黃綠色蔬菜，另外芹菜、高麗菜、芽菜、蘿蔔等蔬菜也是春季飲食不錯的選擇。

春季生活起居

晚上十一點以前要上床睡覺。晚上十一點至一點氣血走膽經，凌晨一點到三點則是肝經；十一點到三點睡得好，比吃補還重要。若在氣血運行到肝經時熬夜，要花兩、三天時間才能補回來，白天的精神也會大受影響。

春季宜選擇走路、氣功、太極拳等緩和的運動。太陽升起時到戶外運動為宜，可以常常做護肝按摩，用拇指、食指、中指三指併攏，用力多敲胸前乳下凹處的期門穴，可幫助強肝。

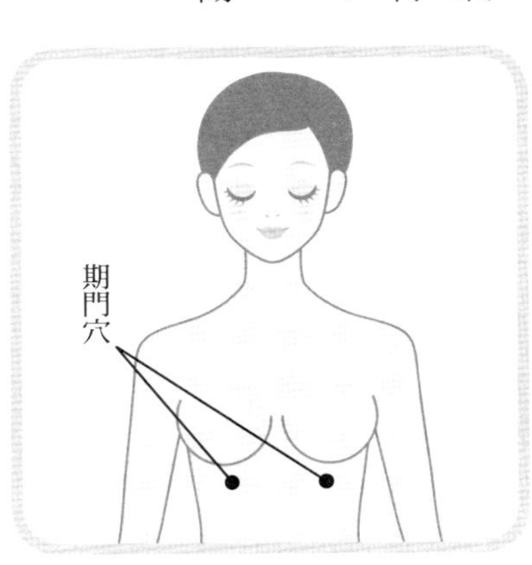

夏季養生：六到八月養心神

夏季要重視養心安神及心臟調養。心神指的是精神情緒的調適，養心就要保持良好的精神狀態，可以增強心臟對情緒的抗壓力。

調養心臟是對心血管疾病的預防，首先要注意血脂肪代謝，少吃大魚大肉，避免身體脂肪堆積太多，危及心血管循環系統。如果違背夏季養心的原則，秋天一旦生病，冬天病情會更嚴重。

夏季飲食建議

夏天飲食調配宜清淡，可善用食物的色、香、味調和來增加食慾。夏季流汗多，宜多食酸味以固表，配食苦味，如苦瓜等食材，以降火補心。

夏天消化力弱，飲食要力求清淡爽口、少油膩，不要太燥熱。可以多吃蓮藕、薏仁、銀耳、蓮子、紅棗、芡實、枸杞。適度吃些苦瓜、西瓜、綠豆湯、冬瓜茶、酸梅湯，可以解渴消暑，但不宜喝冰的，以免傷害腸胃氣，降低脾胃的消化能量。

「苦味入心」，許多苦味食物兼有寒性可以除熱。夏天吃些苦瓜、苦丁茶、苦菜、仙草、茶葉等苦寒食物，可收解熱除煩、消除疲勞之效。但苦寒之物一次不要吃太多，以免損傷脾胃功能。

夏天容易流汗，長期待在冷氣間也容易造成水分流失，引起身體電解質不平衡，所以要注意水分和礦物質的攝取。可以用涼拌方式料理多種食物，吃完才不會滿身大汗。平時宜多喝水，補充纖維質，才可幫助排便順暢以瀉心火。

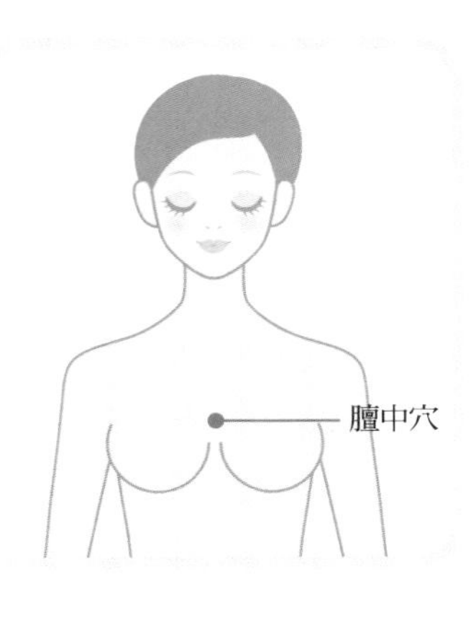

夏季生活起居

夏季的養生運動可以常敲膻中穴，配合按摩掌心的勞宮穴、少府穴，或是每天轉手腕三百圈，幫助強健心肺血管系統。

中午十二點到下午一點之間若能小睡片刻，對心血管系統的保養非常好。我們的心臟非常辛苦，二十四小時工作不停，午時氣血循環到心經，稍微休息是最好的心臟保養。

夏天養生應隨時保持心神、情緒穩定，避免過喜大悲，以免傷害心臟系統。同時，切忌貪涼吃冰，還要適度地稍微運動排汗，幫助消除暑熱。

秋季養生：九到十一月重潤肺

秋天由熱轉涼，白天氣溫高、日照強，俗稱「秋老虎」。雨水較少，氣候乾燥，早晚寒熱變化大，這時容易傷風感冒，引發舊疾，因此秋季要潤肺防燥，保養很重要。

秋季飲食建議

秋天宜多吃滋陰潤燥的食品，如：銀耳、百合、燉梨、蜂蜜、甘蔗、芝麻、核桃等食物。葡萄、蘋果、檸檬、山楂等水果也很適合在秋天吃。

秋天的早晨宜多吃粥，最能潤肺、健脾胃，兼補中氣。

至於要避免的，秋季少食蔥、蒜、韭、椒等辛辣耗氣食品。尤忌燒烤與油炸，以免燥熱傷肺。

秋季生活起居

早睡早起、增加戶外活動、接近大自然，多唱歌、聽音樂，可調肺氣。常談笑或深呼吸，對肺特別有益。但要注意早晚溫差，天涼要及時添衣，多補充水分避免燥熱傷肺。

秋天可常做「八段錦」的左右開弓動作，動作類似拉弓，每回八次，可保養肺與大腸。

八段錦。

冬季養生：十二至二月重固腎

從中醫角度來看，冬季是進補固腎的最佳時機。腎精關係著人的生長、發育與衰老，掌管全身的元氣，非常重要。冬季主「藏」，必待日出天光，才可從事各項活動。同時宜節制房事，以達內斂藏精的效果。如違背冬季養生之道，損傷腎氣，到了春天就會生痿厥疾病，壽命也會減損。

冬季飲食建議

冬季進補可增加血液循環，避免手腳冰冷，也會提高身體的免疫功能，預防疾病發生。冬天可常吃核桃、芝麻、木耳及中藥杜仲、淮山、黃柏、熟地、女貞子、枸杞、黃精、

天冬、地黃等補腎食材。

適量攝取薑、辣椒、胡椒、薑黃、茴香等辛香料，幫助身體保持溫暖。多吃當季的蔬菜，如茼蒿、番茄、花椰菜、甜菜根、青花菜、玉米、高麗菜、小白菜、大白菜、豌豆等食材。

除了少數火熱性體質者，大部分的人在冬季應避免吃冰冷食物，飲水及食物的溫度最好略高於體溫，並且要多吃根莖、豆類，如：山藥、紅蘿蔔、番薯、白蘿蔔、豆芽菜、大頭菜、荸薺、毛豆等食物。

冬季生活起居

冬季宜早睡晚起，注意避寒，肩、背處保暖，以免傷風。到了冬天可以多泡腳，泡腳時的水深應超過小腿一半，以增進四肢末端的血液循環。

冬季時做晨間運動也不宜太早起，可以做「扭腰固腎功」左右各兩百圈，以達到強腰固腎的功效。適度運動可舒筋活血、祛寒強身，但以微微出汗為宜，當嚴寒風冷或下雨時，最好進行室內鍛鍊，採用靜坐、氣功、站樁、太極、八段錦等較

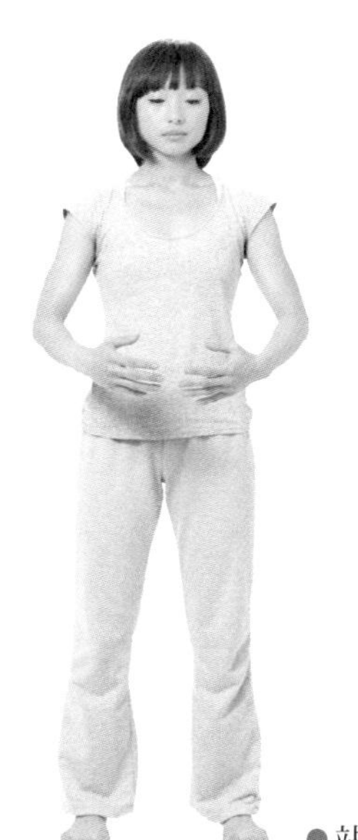

●站樁。

不劇烈的活動。

另外，冬天要注重室內空氣的保濕，尤其是用暖氣時要保持適度濕度，以防皮膚搔癢。

四季蔬果參考表

現代因為運輸方便，基因改良技術精進，使得很多食物產季都亂了套。但是，按照大自然的時序循環與在地水土，吃當令、當地的菜還是最好的選擇，以下列出四季的當令蔬果，提供大家作為選擇時的參考。

季節蔬果	蔬菜	水果
春季（三～五月）	番茄、紅蘿蔔、紅鳳菜、莧菜、青椒、馬鈴薯、韭菜、甜椒、空心菜、地瓜葉、芥蘭、胡瓜、山蘇、小白菜、豆芽菜、川七、九層塔、苜蓿芽、蕗蕎、香椿、蔥、敏豆、毛豆、蘆筍、木耳、香菇、竹筍、牛蒡。	香蕉、鳳梨（南部）、楊桃、聖女番茄、茂谷柑、枇杷（一般只有二到三月才有）、梅子、芭樂；五、六月就會有蓮霧、桃子和李子。

夏季（六～八月）

紅鳳菜、龍鬚菜、過貓、絲瓜、苦瓜、地瓜葉、冬瓜、菜豆、扁蒲、莧菜、南瓜、山蘇、四季豆、紫蘇、空心菜、木耳、秋葵、嫩薑、芥蘭、小白菜、花椰菜、川七、九層塔、黃瓜、小黃瓜、毛豆、茄子、百合、茭白筍。七、八月則有蓮藕和金針。

香蕉、鳳梨、荔枝、芒果、火龍果、芭樂、葡萄、無花果、李子、水蜜桃、百香果、西瓜、哈密瓜、檸檬、木瓜、火龍果。八月還會有荔枝、酪梨、釋迦、龍眼。

秋季（九～十一月）

金針、蓮藕、蔥、芥菜、洋菇、空心菜、芥蘭、香菇、胡瓜、山蘇、小白菜、豆芽菜、木耳、川七、九層塔、苜蓿芽、南瓜、菱角、紅鳳菜、牛蒡、皇帝豆、辣椒、毛豆、芋頭、地瓜、地瓜葉。

釋迦、檸檬、酪梨、木瓜、楊桃、木瓜、柚子、柿子、新世紀梨、百香果、芭樂、葡萄。十到十一月有白柚、椪柑、柳橙。

冬季（十二～二月）

茼蒿、番茄、紅蘿蔔、番薯、花椰菜、甜菜根、菠菜、芹菜、青花菜、玉米、四季豆、高麗菜、小白菜、大白菜、豌豆、豌豆苗、山藥、白蘿蔔、杏鮑菇、甜椒、芥蘭、金針菇、萵苣、豆芽菜、木耳、九層塔、芫荽、洋蔥、大蒜、茴香、油菜、大頭菜、荸薺、毛豆、竹筍；二月開始有韭菜。

蓮霧、柳橙、蜜棗和芭樂（南部才有）、木瓜、椪柑、美女柑、茂谷柑、桶柑、肚臍柑、柳丁、雪梨、葡萄、蜜絲棗、蜜柚、草莓、蘋果、甘蔗；枇杷要到二月才有。

四季蔬果的採買、保存和料理要訣

●莧菜選深紅色。

春季

1. 莧菜：紅莧菜以深紅色為佳，鐵質較多，只要摘除根部和不嫩的莖部，妥善冷藏可存放數天。

2. 青椒：一般青椒的農藥較重，最好買有機栽種的產品。放入紙袋後置於冰箱，可避免水分流失。

3. 香椿：不易保存，容易乾掉，不過把葉子摘下後剁碎，用來炒飯、炒豆腐、炒蛋或做成香椿醬都很好吃。

4. 地瓜葉：以自然農法栽培出來的菜葉比較不嫩，可先摘除根部葉莖減少老澀口感。

5. 空心菜：葉細小者較嫩。空心菜葉易腐壞，不耐保存，最好用有洞而透氣的塑膠袋裝，將葉片一併封住，否則容易枯萎。可加苦茶油或花生油，以油水清炒才不會太澀，或以海鹽清炒也很美味。加入蒜頭做成蒜蓉空心菜，或拌入以豆腐乳、味噌加水調成的醬

汁；也可以先爆香辣椒或九層塔，加入沙茶醬後拌炒。

夏季

1.過貓：挑選時，要挑心葉捲曲如鬚，一折就斷的。過貓不耐放，要盡快用完，如果要保存養分就盡量用油水炒，也可以汆燙，或是爆香薑絲再加入豆豉快炒。

2.山蘇：幾乎全年都有，但是夏秋產的較嫩，尖端越捲曲越嫩。料理方法同過貓。

3.川七：盛產於夏秋，不耐放，盡快食用為宜。可用苦茶油加少許麻油和薑片爆香快炒，或汆燙後，沾醋、醬油及麻油調和的醬汁。

4.龍鬚菜：葉鬚直而不捲曲，葉片越小，色澤微帶黃綠者較嫩。龍鬚菜易老化變味，只能放二至三天。其果實佛手瓜則耐存放，可切絲或切薄片涼拌，亦可切塊與紅蘿蔔、豆乾、豆皮、海帶、番薯等食材一起紅燒。

5.九層塔：全年皆有，夏、秋兩季最盛，秋末開花後枝梗較粗，但香氣更濃郁。葉片細小的比烏黑肥大的香，紅梗則比青梗香。

6.小黃瓜：夏、秋兩個季節最盛產。小黃瓜易有農藥殘留，建議挑選有機栽培的產品。刺狀凸起明顯者較新鮮，適合各式涼拌。

7.瓠瓜：絨毛明顯的較嫩，皮色淡且光滑的口感則較老韌。一般冷藏可放一個禮拜。

8.**絲瓜**：五至九月皆有產，但七至八月氣溫最熱時才是絲瓜的最佳生長期，氣溫越高，果實越漂亮，口感及甘甜度越佳。清炒絲瓜就很好吃，絲瓜本身會出水，所以不必加水。也可切成段，放進電鍋蒸十五分鐘，蒸好後，撒點海鹽即可吃；或加幾片野薑花和芒果一起蒸，味道特別香。

9.**苦瓜**：白色品種較不苦，顏色越深綠的越苦，因此山苦瓜最苦。盡量挑選表面果米完整不塌陷、且蒂頭新鮮的苦瓜，若色呈黃色，則可能過熟，瓜肉容易軟爛。煮苦瓜可以先爆香薑絲，將苦瓜切半連子一起下去煮。清炒或是加黑豆瓣醬拌炒皆可，再加入鹹鴨蛋就是很受歡迎的鹹蛋苦瓜。

10.**百合**：有機的新鮮百合冷藏可放一至兩週。一片片剝開來洗淨後，可加入粥裡一起煮，或是與絲瓜、豆乾等拌炒。

秋季

1.**金針**：新鮮金針要選含苞待放的，乾貨選用褐色為宜；如果顏色呈淡黃色，多半用二氧化硫加工過，不宜購買。新鮮金針用清水沖洗即可，乾貨則要先用水浸泡使之柔軟。

2.**辣椒**：辣椒越小越辣，可放在冷凍庫久存不壞。

3.**南瓜**：成熟度好的南瓜果皮堅實、果體完整，耐存放。久放至果蒂乾後，口感會更甜，更鬆軟好吃。

4. 芋頭：挑選外表完整的芋頭。如果削切後，刀身有白粉結晶，表示芋頭鬆軟好吃。一般旱芋會帶紅土，口感鬆軟；水芋帶黑土，口感較脆，宜盡速食用。旱芋耐放，置於通風處，使水分去除後風味更佳，蒸、煮、炒或炸都適合。

5. 牛蒡：粗直光滑者佳，但容易氧化變黑，可泡白醋水處理。

6. 蓮藕：仲夏收蓮子，曬乾後全年可食，入秋則採收蓮藕。有些商人為了賣相好，會用亞硫酸漂白蓮藕，因此選購時要避免顏色過白。蓮藕洗乾淨後，逐段切下，然後沖洗孔洞內的泥巴，可加入花生、紅棗一起熬湯。

7. 薑：夏末中秋出嫩薑，深秋入冬後才有老薑。嫩薑不宜放久；老薑則不需特別冷藏，只要放在通風處，室溫下能保存幾週。若冷凍保存時間可以更久，待需要時再取出退冰，室溫放置二至三分鐘即可切片或切絲使用。

8. 釋迦：宜選果粒較大、表皮灰綠不焦黑且沒有瘀傷的釋迦，但因為蟲害多不好種植，農藥化肥不少，最好買有機產品，雖然較小但香氣足，不過市面較少見。釋迦需熟後才可放進冰箱，怕有果蟲的，要趁未軟化前先行剔除，以免軟熟後難以處理。

9. 柚子：又稱文旦，購買時要挑老樹結果，體積較小的通常肉質較細、較甜。柚子耐存，久放風味更佳。

10. 酪梨：台灣常見的酪梨有兩種。一種個頭較小，表皮較粗糙，需常溫待熟，轉紫黑

● 牛蒡要選粗直光滑的。

色時才能吃，這種品種多由國外進口。另一種是台灣南部種植的綠色品種，個頭較大，表皮細滑，不會變色，只要稍微一按或是搖晃，聽到種子在裡頭滾動的聲音就表示熟了。

冬季

1. **茼蒿**：如果不是當季茼蒿，通常農藥很多。茼蒿底部易積沙，需逐葉剝下搓洗。
2. **芥菜**：底部易積泥沙，需逐葉清洗，可冰存幾天。經醃製可做成雪裡紅，做法如下：將芥菜洗淨後曝曬一天，再將曬乾的芥菜放到乾淨的大盆中，加入一至兩大湯匙海鹽，搓揉至出水後，靜置半天或隔夜即可。烹煮前先洗掉鹽巴，然後剁碎與豆乾絲或百頁一起炒，加點醬油、糖、胡椒、麻油，喜歡辣的可以加辣椒下去炒。
3. **菠菜**：顏色宜濃綠。由於根部易積沙，因而清洗時要一葉一葉分開洗。可以連根一起煮。由於菠菜的口感較澀，如果清燙需拌些油。
4. **荸薺**：帶皮較易保存，所以要挑選表面無傷痕、有光澤的產品。削皮後易氧化，因此很多商家會用漂白水浸泡，最好不要買已去皮卻仍呈白色的荸薺，生吃、煮湯或炒菜都很適宜。
5. **番茄**：番茄越大，蒂頭越容易發霉，殘留農藥越多，最好購買有機番茄。
6. **山藥**：盡量挑選挺直、不奇形怪狀的山藥。在通風乾燥處能長時間存放。

簡單、營養又快速的訣竅

許多人因為工作辛苦，匆匆忙忙下班後不想下廚，乾脆就在外頭餐廳解決，或是帶個便當回家。其實自己動手做飯很容易，只要掌握訣竅，很快就可以變出豐盛的一餐。就算是簡簡單單吃，一樣可以吃得美味又健康，不但讓腸胃沒有負擔，也不必擔心吃進加工品。吃得健康，絕對沒有想像中困難。

事前準備好食材

首先，可以事前準備好食材。先將蔬菜洗淨切好後放進冰箱，到時只要拿出來稍加烹調，或是拌成沙拉，都不需要花費太多時間，就能做出一頓可口美食。

懂得善用生菜、芽菜、紅蘿蔔絲、筍絲、小黃瓜絲、菜心絲、酪梨，以及芒果、蘋果、奇異果、香蕉、草莓等蔬果，簡單調味，就能做出可口的涼拌菜。拌醬可以在空閒的時候先做好，裝入玻璃罐後送進冰箱冷藏，存放一、兩個禮拜都不成問題。在本章〈真巧思的九道百變拌醬〉會提供幾個拌醬做法給大家參考。

有機店所賣已經處理過的急速冷凍有機蔬菜，像是毛豆、豌豆、紅蘿蔔丁等，方便又營養，可以直接拿來加在飯或麵裡，也是不錯的選擇。

二十分鐘，三道菜上桌

我通常一餐會做三道菜，如果天氣較冷，就再加一道湯。一開始，**先花幾分鐘想想要做哪些菜，好安排處理順序。**需要久煮的食材優先處理，同時間可以利用蒸籠或電鍋蒸煮另一道食物。一般蒸食約需十五分鐘，這段時間可用來洗其他熱炒或是涼拌的菜，這樣一來，當蒸食熟了，熱炒和涼拌也完成了，只要二十分鐘，三道菜就能上桌。

至於需要較多時間的滷味，可以有空的時候就事先多準備一點放入冰箱，要吃的時候取出加熱就可以吃。滷味也是一道很好的便當菜，或者留到另一餐再搭配其他食材做點變化，快速又方便。

需要解凍的食材，可以提前一晚或在早上出門前把食材從冷凍櫃換到冷藏室退冰，回到家就可以馬上使用。需要慢燉的食物建議用燜燒鍋處理，既省時間，又省能源。

最優的烹調方式

烹調方式建議優先選擇清蒸，其次涼拌，再其次才是燉滷，偶爾變換口味可以油水煮或低溫烘烤。至於油煎、油炸或奶油焗烤則最好避免，更要掌握少油、少鹽、少糖的原則，並盡量以海鹽代替精緻鹽。

時間較晚時請吃輕食

若回家時間較晚，晚餐最好選擇輕食，燙個青菜配幾粒堅果，或是喝碗味噌湯、米粥等容易消化的食物，稍微填一下肚子，讓自己不至於餓得睡不著就好，千萬不要多吃，否則入睡前飽餐一頓，會使五臟六腑無法休息，造成消化不良，還很容易肥胖。在〈輕鬆做的五道輕食妙方〉中會提供幾種輕食料理的做法，讓大家參考運用。

自己發豆芽，好吃又安全！

外面賣的豆芽之所以白白胖胖，是因為有許多的化學藥劑，例如：無根劑、漂白劑和生長激素等。無根劑主要的作用是抑制根部生長，在使用過程中能提高產量，而且賣相好、口感佳。漂白粉用於漂白，也用於殺菌，因為豆芽大多是大量生產的，所以其中敗壞的種子容易腐爛。生長激素，如尿素，則讓豆芽可以長得又快又胖。

長期食用添加了化學藥劑的豆芽，會引起頭痛、噁心和嘔吐，也會影響視力，甚至可能導致肝臟和腸胃出毛病。所以，最好還是自己發豆芽，只需要幾天的時間而已，好吃又健康！

自己發豆芽其實非常簡單，可以交替使用不同的豆類來發豆芽。一般約兩到三天即可完成。先把豆子泡在水中，浮起來的表示豆子不完全或發育不好，一般不會發芽了，所以先撈起來（不用丟掉，可以加在飯裡煮熟吃）。

泡在水裡約十到二十四個小時（夏天快一些，冬天久一些），等到豆子變大，皮稍微破掉了，便可把水全濾掉。冬一天豆芽要沖水三至四次、濾乾（可以在煮三餐的時候順便沖一下水）。天氣很熱時，最好約四個小時沖一次水，放在陰涼處。如果想吃很粗壯的芽，需要鋪一層紗布，用石頭壓住。我比較偷懶，只要發個小芽就準備吃了，所以兩到三天就可收成了，很方便。

● 黑豆剛剛開始發芽。

我發過綠豆、黑豆、黃豆、扁豆等。這些有著可愛小芽的豆豆，可以用來煮湯、煮粥、煮飯、炒菜、熬高湯等等，都很好吃。綠豆芽可以生吃，但其他的豆芽需要煮熟才能吃哦！

發豆芽會失敗的原因

發豆芽會失敗，有幾個常見的原因：

1. 豆子放太久了，如果放太久的豆子，太乾了，很難發芽。
2. 買的豆子已經被事先處理過了（有些是用放射處理、除草劑農藥使豆類枯死後，才能用自動機器採收）。
3. 有些豆根本無法發芽，因為在為了方便保存的功能下，造成過度烘乾，因此豆子都死了，發不出芽了。
4. 發芽的容器不對：最好使用不透光的陶瓷鍋，要蓋鍋蓋。
5. 要用過濾無氯的水來發芽。
6. 若想要粗胖的豆芽，可以用一層紗布蓋住豆子，然後用幾顆大石頭（拳頭大小一般的石頭）壓在紗布上面，豆子受到壓力才會成長得很粗壯，不然就會細細的。如要粗粗、大大、長長的，需要約六到七天。

如果方法用對，但發不出芽，表示這個牌子的豆子沒有生命力（沒有能量），下一次可以選購不同的牌子。

有位臉書上的網友分享說，以前她母親曾經用一個鐵的洗臉盆發豆芽，下面鋪一層粗麻布，上面再覆蓋一層粗麻布，最上面再壓一塊幾乎厚達五公分、直徑三十公分的大理石塊。結果，那些豆芽會把大理石頂起來耶！

簡單、美味又健康的素鬆做法

如果家裡有不喜歡紅蘿蔔的孩子，這是一個非常好的方法。芝麻鈣質很豐富，紅蘿蔔好處更多，是全家養生的好食物。做好的素鬆可以隨意搭配要的副材料，也可以用來包春捲、壽司、飯糰，或用捲心菜包包就可以吃了！

材料：紅蘿蔔兩根，白芝麻一包（約三百公克），重點是紅蘿蔔和白芝麻的重量比率約二：一（白芝麻要夠多才好吃）、玫瑰鹽少許。

做法：

1. 把白芝麻和紅蘿蔔放到調理機一起打成很細小的顆粒狀，不要放水。
2. 然後放到乾鍋裡，以小火慢慢地煎炒到乾乾的，香氣都出來就可以了（約十五至二十分鐘）。最後再撒些海鹽就非常美味可口了！

懶人麵疙瘩

沒空事先準備卻很想吃麵疙瘩的人，
有一個簡便的懶人麵疙瘩做法。

材料：麵粉、溫水、青菜及紅蘿蔔絲各適量。

做法：

1. 將麵粉和溫水以 1：1 的比例和成麵糊。
2. 將青菜、紅蘿蔔絲等配菜丟入滾水中，汆燙後撈起。
3. 取湯匙慢慢將麵糊半匙、半匙地放入剛才的滾水裡，煮五到十分鐘浮起。
4. 煮熟的麵疙瘩和汆燙過的配菜混合攪拌，調味後，即是清爽的一餐。

懶人大滷麵疙瘩

材料：麵粉，薑等辛香料（若有吃五葷者可自行隨意加蔥、蒜），香菇、木耳、金針、紅蘿蔔等蔬菜，以上皆適量。蓮藕粉一大湯匙，醬油、麻油、黑醋、白胡椒粉、糖、香菜各少許。

做法：

1. 依「懶人麵疙瘩」做法，準備適量麵疙瘩。
2. 依個人喜好將薑、辣椒或花椒等辛香料爆香，再依序放入切成絲的香菇、木耳、金針、竹筍、大白菜等蔬菜翻炒。
3. 將滾水加入爆香過的食材中，然後將麵疙瘩放入煮滾。
4. 待麵疙瘩浮起後，用一大湯匙蓮藕粉加半碗水調成勾芡水，倒入勾芡。
5. 以醬油、麻油、黑醋、白胡椒粉以及些許糖調味，最後撒上切好的香菜，好吃的懶人大滷麵疙瘩即熱騰騰上桌。

懶人麵疙瘩
懶人大滷麵疙瘩

自製麵疙瘩

材料：中筋麵粉六杯（最好都用全麥麵粉，也可以用三杯全麥麵粉加三杯麵粉），冷水兩杯（若用全麥麵粉，則水量要多一點），海鹽一茶匙，油一大匙。

做法：

1. 將上述材料混合揉成麵糰，擱置二十分鐘醒麵。
2. 將醒好的麵糰再揉幾下，分成幾塊後，揉成長條狀。
3. 將麵糰捏成十元硬幣大小的扁片塊，放入滾水中，待浮滾後撈起。
4. 撈起後沖冷水，灑一點橄欖油或苦茶油拌勻。
5. 等到麵疙瘩完全冷卻後即可裝入保鮮盒冷凍，需要時再拿出來用。

什錦拌飯

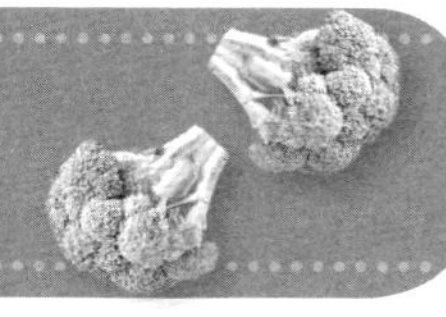

材料：糙米一杯，白花椰菜（或綠花椰菜）半顆，紅蘿蔔一條，毛豆（或其他豆類）十顆，香菇三朵，豆乾一塊（可依個人喜好選用腰果十顆或核桃八顆等食材代替）。

調味料：海鹽四分之一小匙，白胡椒粉四分之一小匙，水或高湯一杯半，油一大匙。

做法：

1. 將米洗淨後泡水瀝乾。紅蘿蔔、香菇切絲，白花椰菜洗淨切小朵備用。
2. 將所有材料一起放入電鍋內，加入調味料一起蒸煮。煮熟後再燜五分鐘，盛出拌勻即成。

南瓜飯

材料：糙米一杯，南瓜四分之一粒，芋頭三分之一粒，高麗菜四分之一粒，紅番茄一個，西洋芹一小條，松子二十顆，香菇三朵。

調味料：鹽一小匙，白胡椒粉四分之一小匙，花生油兩大湯匙（或苦茶油1匙半），麻油二分之一湯匙，水或高湯一杯半。

做法：

1. 米洗淨後泡水瀝乾。
2. 香菇切絲，南瓜、芋頭、高麗菜、紅番茄、西芹洗淨切丁備用。
3. 將所有的材料連同松子一起放入電鍋內，加入調味料後一起蒸煮。煮熟後再燜五分鐘，盛出拌勻就是色香味俱全的南瓜飯。

南瓜米粉

材料：一百五十克純米粉，香菇四朵，南瓜三分之一粒，切碎香菜一小碗，長豆適量（也可以用其他青豆類）。

調味料：水半碗，醬油兩湯匙（可依個人口味增減），沙茶醬一湯匙，海鹽少許，糖少許（亦可不加）。喜歡吃辣的人可以加辣椒醬。

做法：

1. 將米粉放入滾水一分鐘後撈起。
2. 南瓜放入電鍋中蒸熟。
3. 香菇、長豆切成小條備用。
4. 香菇、九層塔倒入苦茶油和麻油爆香後，將長豆、米粉放入一塊拌炒，然後加入半碗水煮三分鐘，再將蒸熟的南瓜倒入，加入調味料拌勻即可。

自製
麵疙瘩的
材料
什錦拌飯

南瓜米粉
南瓜飯

香菇處理小撇步

乾香菇泡軟要花點時間，如果想節省時間，可用熱水浸泡，或者平日先行浸泡，泡軟後擰乾水分，再一朵朵疊起裝進容器內冷凍；取用的時候不必解凍。記得水分一定要完全擰乾，才不會凍結在一起。

乾香菇要先泡軟。

糙米的營養最完整。

煮出好吃的糙米飯

糙米飯是很有營養的好食物，但是很多人都不愛吃糙米飯。有位糖尿病患自從執行我教的飲食法以後，血糖降低了很多，不但減少一顆藥量，血糖甚至還比停藥前低。特別是我教她做的糙米飯很好吃，連她的小孩都愛吃，現在全家都改吃糙米飯。

糙米、胚芽米和白米有何不同？收割起來的稻穀，把最外殼的粗糠脫掉後，就成了糙米；再把糙米中部分的糠層去除，就變成胚芽米；如果將糠層及胚芽完全去除乾淨，就是一般食用的白米。所以糙米、胚芽米和白米的不同，主要是依加工程度來區別，也因此，營養價值最完整的是加工最少的糙米；而白米則最沒有營養價值，也是能量最低、最沒有生命力的米食，所以吃白飯的人容易累，吃飽容易昏沉打瞌睡。稻米所有的纖維、維生素

Ｂ群及礦物質都藏在糠層，如果只吃白米，就容易缺乏纖維、礦物質和維他命Ｂ群，也容易造成便秘、情緒不穩、不易專注、血糖及血壓不穩定和肥胖症等疾病。

其實只要用對方法，糙米也可以煮得很好吃！糙米相關的烹煮與食用小撇步如下：

1. 糙米一杯洗淨，依個人喜好口感，將二杯或二杯半清水一起放入大同電鍋內鍋，然後置入冰箱冷凍庫過夜。隔天直接放到電鍋裡蒸煮，只要在外鍋倒入二到三杯清水，這樣煮出來的糙米飯又香又Ｑ，吃起來跟白米飯沒兩樣。

2. 若想要更香、口感更好或添加更多營養，可以加入十至二十顆核桃或腰果一起煮，會更好吃喔！

3. 家裡如有幼兒、老人或腸胃功能很差的成員，建議用胚芽米代替糙米。

4. 也可以不冰凍，直接將糙米泡八至十小時後再煮，但夏天天氣熱時，建議放進冰箱裡避免腐壞。

5. 選用遠紅外線陶鍋來烹煮，除了口感更好，還能提高糙米飯的能量（可參考附錄）。做法是將泡好的糙米加入核桃或腰果後放進鍋裡，再加入比用一般電鍋煮食時兩倍的清水，然後放到瓦斯爐上，先用中火加熱至水滾，再轉小火燜煮到水量蒸發剩得跟米差不多高時（中間要稍微攪拌，以避免沾鍋）熄火，接著再燜約十五分鐘即可食用。用文火久燜可讓糙米的外皮軟化，有利消化。

COOKBOOK
輕鬆做的五道
輕食妙方

蔬菜高湯

材料：甜菜根、牛蒡、包心菜、龍眼乾、紅蘿蔔、薑和海帶適量。

做法：
將上述食材切成丁或片狀，加水後以慢火煮熟。

＊食用前，再加入味噌和芝麻油調味，也可以另外撒點切細的芹菜、九層塔、香菜或辣椒提味。

快速濃湯

材料：冷凍毛豆一碗，豌豆仁一碗，豆腐一塊，加些腰果（約三分之一碗）會更香。

調味料：海鹽、胡椒和麻油少許。

做法：
1. 毛豆和豌豆放入調理機，再倒入足以蓋過毛豆和豌豆的清水，接著放入豆腐一起攪打成泥。
2. 將上述食物泥倒入鍋內後煮開，加點海鹽、胡椒及少許麻油調味即可。

＊若以蒸熟的南瓜代替毛豆和豌豆仁，再撒上切碎的九層塔或香菜提香，立刻就變成了好喝的南瓜濃湯。

蔬菜高湯
快速濃湯

清粥

晚上若不想吃太飽，喝粥是個好選擇。記得要先將水煮開，再把飯或米下鍋，以免糊底。接著先以大火煮開後，再轉小火熬煮約二十至三十分鐘，期間用湯勺以同方向不斷攪拌，可以讓粥變得更濃稠。

若想縮短煮粥時間，可以洗好米，放進冷凍庫十五到二十分鐘，取出後直接放入滾水熬煮，只要五到十分鐘就能煮成粥。平常就把洗乾淨的米冷凍備用，可節省更多時間。

米糊

喜歡吃米糊的人，將米熬煮五分鐘，軟化後放到調理機攪拌十至二十秒就是一杯米糊，再加點蔬菜、鹽、胡椒或麻油，熱熱吃，好消化。

大鍋粥

選幾樣青菜、豆腐、豆類、根莖類、菇類、海帶芽等食材，切成一致大小，依易熟程度順序放進鍋裡熬煮；或是一邊熬煮清粥，一邊把食材炒好，等粥滾了，再將食材倒入，待熬煮幾分鐘後就可起鍋，這樣熬出的大鍋粥更加清爽。

如果晚上較晚回家，建議吃點輕食，讓肚子不要太餓就好，若時間晚了還吃得很多，容易消化不良，造成腸胃負擔，也容易囤積脂肪，導致肥胖。以上提供五道簡便又可迅速完成的輕食，就算是累累地回到家，也有辦法做。

眞巧思的九道百變拌醬

自製沙拉醬或拌醬，無論用來拌生菜、拌麵或拌飯，都是既好吃又方便。以下是我推薦的幾種實用拌醬與做法，提供給大家參考。

酪梨蜂蜜醬

熟酪梨一顆、熟香蕉一至兩條（視酪梨大小而定）、蜂蜜一至兩大匙，直接用湯匙或用攪拌機攪勻皆可。塗抹在吐司或切片的饅頭裡營養又可口，沾麵包或蘇打餅乾也很對味，是小朋友會很喜歡的點心！

桑椹醬

將有機桑椹原汁及有機桑椹果粒混合即成。桑椹有降低膽固醇、改善脂肪肝的功效，

但身體虛寒的人不宜多吃。

紅龍果沙拉甜鹹醬

將有機紅龍果（即火龍果）切碎，加入有機味噌、有機薑及冷壓芝麻油混合即可。

六合一調味醬（李秋涼老師的調味醬）

準備醬油、醋、檸檬、苦茶油、芝麻油及紫蘇。醬油與其他調味料比例為六：四，其他調味料隨個人喜好加入調和即可。再加上胡椒與辣椒即成了八合一調味醬。

啤酒酵母醬

二分之一碗啤酒酵母（選用含較高維生素B群的，可參考附錄）、三分之一碗清水、三分之一碗蘋果醋、四分之一碗淡色醬油、四分之一碗植物油（或橄欖油），攪拌後再加入少許芝麻油調和即可。

醬油膏加生鮮研磨山葵醬（可參考附錄）

將醬油膏與生鮮研磨的山葵混合後直接沾酪梨吃，非常可口。每到酪梨盛產期，我常以一顆酪梨加沾醬當一餐，或用酪梨及沾醬夾吐司也非常好吃，還能增加飽足感。

沙拉拌醬

材料：醬油、冷壓橄欖油、苦茶油、檸檬片、醋、紫蘇皆適量。

做法：紫蘇洗淨、剁碎後，加入其他所有材料拌勻即可。

選用有機冷壓初榨的處女橄欖油來做最好，因為冷低溫壓榨，沒有溶劑殘留的問題，直接食用被人體吸收轉化後，能排除過多的三酸甘油脂和膽固醇，營養非常高。不過，需要加溫烹煮的料理不宜使用冷壓橄欖油。

炸醬

材料：苦茶油一湯匙，麻油少許，甜麵醬一湯匙，（辣）豆瓣醬一湯匙，醬油膏一湯匙，糖一茶匙（放不放都可以）。

做法：以中小火加熱兩種油，加甜麵醬及豆瓣醬，再放醬油膏及小半碗水煮開即成。

這是一至兩人份的拌麵醬，可視個人口味調整。不過台灣潮濕，要慎選甜麵醬及豆瓣醬，最好選購有定期黃麴毒素檢驗且不含色素、香精、人工調味料、味精或防腐劑的廠牌。一次可以多做一些，裝入玻璃罐放在冰箱冷藏，保存一至兩個禮拜沒問題。

特調香椿醬

材料：香菇三朵，毛豆十顆，豆乾和豆包各兩片，五香粉少許，兩湯匙豆瓣醬，兩湯匙香椿醬，一湯匙糖，兩湯匙苦茶油，一湯匙麻油，醬油（膏）少許。

做法：

1. 香菇三朵洗淨泡開後，切碎並瀝乾。
2. 豆乾和豆包切成小碎塊。
3. 倒入苦茶油和麻油一起把香菇炒香，再加入五香粉、香椿醬及豆瓣醬，然後倒入豆乾、豆包及毛豆，最後加醬油及糖調味即可。

這是我個人非常喜歡、也十分受歡迎的拌醬，但要特別注意市售香椿醬用油的品質。吃不完的話，可以裝入玻璃罐，放冰箱冷藏保存一至兩週。如果覺得這樣做還是太麻煩，可以直接用市售香椿醬加炸醬拌麵吃，也是不錯的變化。

輕鬆做早餐，美味又營養

早餐要吃鹼性食物

有的人因為早上趕時間，便匆匆忙忙在早餐店或便利商店買個三明治打發早餐，這對身體很不好。早餐最好吃鹼性食物，如果常常以蛋餅、三明治、油條、燒餅當成早餐，會讓身體酸化，一整天的精神都會受到影響。所以若時間許可，建議大家輕鬆做點健康早餐，均衡營養。

根莖類食物營養夠又快熟

天氣轉涼時，可以蒸地瓜、南瓜、芋頭、山

● 早餐吃香蕉蘸黑芝麻粉真美味。

藥、玉米、蓮藕、絲瓜等根莖類食物，搭配豆漿或黑豆漿，就是很棒的早餐。根莖類蒸熟後，原味就很香甜好吃，口味較重的人，可以撒點海鹽、胡椒，或蘸點蒜蓉辣椒醬、醬油膏。

在傳統市場買芋頭或山藥，可以請攤商幫忙削皮，超市也可買到已經削皮的食材。我喜歡選購有機的芋頭或山藥，連皮一起下去蒸，熟了之後皮很容易剝除。南瓜和地瓜只要是自然農法種植無毒的，都可以放心地連皮一起蒸來吃。吃不完的地瓜、南瓜、芋頭、山藥，可以留到晚上和米飯一起煮粥，來點不同變化。

豆類、堅果類也有快煮妙方

平常準備一些豆類、堅果類，像是紅豆、綠豆、黃豆、黑豆、大豆、核桃、杏仁、南瓜子、葵瓜子、腰果、巴西豆、白扁豆、花生、薏仁、小米、糙米、胚芽米、亞麻仁籽等，分別裝在透明的瓶罐內，提前一天早上任選二到三種泡水，等到晚上飯後，再加進紅棗、枸杞、蓮子、龍眼乾等食材，水的分量可依照個人喜歡的濃稠度調整，用燜燒鍋煮開後放著，睡前再稍加攪拌，然後繼續燜熟（用快鍋或壓力鍋只要煮一次就可以）。第二天早上就有熱騰騰的好粥可吃了。

我個人喜歡原味，吃的時候撒上黑芝麻粉和啤酒酵母粉會更好吃，或是加些海鹽、芝麻油、胡椒粉、醬油、滷汁、味噌、豆腐乳（要選購通過黃麴毒素檢驗的才安心）調味，也很可口。如果家人不愛吃蔬菜，可以把高麗菜、包心菜、玉米粒、紅蘿蔔、四季豆、絲瓜、芹菜、香菜等蔬菜剁碎加進去，無形中讓偏食的家人也能攝取蔬菜。但盡量不要選綠色或深綠色菜葉的青菜，以免經過燜煮變色不好看，口感也沒有那麼好。有時也可將晚餐的剩菜加入鍋裡一起燉，同樣美味。不過要記得，一旦加入蔬菜，粥最好要當天吃完。

天熱時，可以把根莖類蔬果和堅果打成各種不同的蔬果汁飲用，不過，免疫系統較弱或是正在服用抗免疫系統藥物者，若要食用生菜或根莖類（包括芽菜），都一定要先汆燙過，水果也要去皮才能打成汁來喝。

香蕉（或烤地瓜）蘸黑芝麻粉真美味

這是一種非常好吃又幾乎不必花時間準備的早餐或點心。熟透甜美的香蕉蘸黑芝麻粉一起吃，非常香，也非常美味。黑芝麻粉的營養非常豐富，飽含多種礦物質和維生素，尤其是鈣的含量甚至比牛奶還要高出很多，既可以預防骨質疏鬆，也可以讓頭髮變黑，一舉數得！另外，也可以用烤地瓜來代替香蕉蘸黑芝麻粉吃，同樣令人食指大動。

適當飲用精力湯

有些人將蔬果和堅果打成精力湯當作早餐，認為只要一杯精力湯就能夠快速便捷地滿足早餐應提供的營養。但由於精力湯的原料大多為生食，最好要配合季節、天氣和個人身體狀況食用。有些人吃得太寒了，反而容易造成胃的負擔。

精力湯的蔬果搭配

1.菜葉類：地瓜葉、高麗菜、龍葵、川七葉、石蓮花、空心菜、花椰菜、小黃瓜、西洋芹、紅蘿蔔、包心菜、魚腥草、車前草等，任選二至三種，視人數多少決定分量，如果只是一人份，只要各放幾片菜葉即可。免疫系統不好的人最好要事先汆燙過。

2.水果類：蘋果、酪梨、檸檬、奇異果、西瓜、柳橙、香蕉等水果，任選兩種。一人份以半顆蘋果大小為宜。

3.芽菜類：苜蓿芽、豌豆芽、綠豆芽、蘿蔔嬰、葵花苗，任選兩種，適量。

4.海藻類：海帶芽、海苔、紅海藻，任選一種，少許。

5.堅果類：杏仁、核桃、松子、南瓜子、葵瓜子、巴西豆、腰果等，任選一到兩種。一人份視堅果大小酌量放三至七顆即可。

6.啤酒酵母粉、亞麻仁籽、黑芝麻：一人份各一湯匙。

7.根莖類：番茄、甜菜根、南瓜、地瓜，任選一種，約三分之一小碗。記得先汆燙過，再切塊放入；如果是有機的，可以洗乾淨後直接連皮一起打。甜菜根味道比較重，容易蓋過其他的味道，所以不建議一次加太多。

8.水：任選「回春水」或經過濾的「好水」一人份，約兩百五十至三百ＣＣ。（「好水」指呈微鹼性，酸鹼值近似人體ＰＨ值七點四的水。）

9.其他：薑、薑黃、肉桂粉、小茴香，依口味任選少許。

回春水的製作方式

1.選沒有處理加工過的小麥（wheat berries），最好選有機農場栽種的小麥。小麥分春麥和冬麥兩種，冬麥礦物質高，營養較好，但發酵較慢一點，各有所長，任選一種。

2.小麥洗淨放在玻璃瓶或瓷碗裡泡水過夜。需用過濾水，去除金屬和農藥的汙染。

3.第二天將水倒掉，用蓋子輕輕覆蓋著碗口，發芽一到兩天（視室溫而定，高於二十五℃一天即可，否則放個兩天），然後加入兩倍的水（一杯小麥芽、兩杯水）放在室溫二十四小時即可飲用。

4. 第二次加水，再重複 **3.** 的步驟，可再飲用一次。所剩小麥可當作酵母發酵，譬如：將小麥打成泥狀當作發酵麵糰做麵包，或是做麵餅皮。

精力湯的製作和重要二三事

要製作精力湯，可以事先將堅果類以及亞麻仁籽和黑芝麻浸泡五至二十四小時後，再打碎備用。浸泡時間可視天氣冷熱而定，若為求簡單，也可只浸泡一晚。

要喝之前，與其他食材一起放入果菜機或調理機內混打。

做好的精力湯要趁新鮮盡快喝完，因為酵素、維生素很容易氧化或流失。不過在飲用時要慢慢地喝，並在嘴巴裡嚼一嚼，好讓消化酶開始作用。

只要發揮巧思，精力湯就能有許多口味變化，例如：用蒸熟的南瓜和松子，或是煮熟的黃豆加水一起打，再加點海鹽和胡椒就是很好喝的南瓜濃湯，當早餐或晚

黃豆也是精力湯的好材料。

餐都好。

自己準備精力湯大概五到十分鐘就好了，因為多數食材都不必去皮或去籽，只要洗乾淨切成小塊放進果菜機攪打即可。當然，最好買有機蔬果，並且用過濾水洗淨。如果買的並非有機蔬果，建議先充分洗淨（蔬果用的清洗劑可參考附錄）。

在精力湯內加入有自然甜味的蔬果，如：紅蘿蔔、枸杞、紅棗、龍眼，或是帶有甜味的水果，會比較好喝。怕酸或者是喜歡甜一點的人，可以加點蜂蜜、有機甘蔗汁或綜合果乾。特別提醒太酸的水果和很甜的水果最好不要混在一起吃，以免脹氣，即使已經打成汁，還是容易脹氣，不易消化。

好喝的三道蔬果汁食譜

1. 甜菜根、鳳梨、蘋果各半個，加入一至兩杯水打成汁（水的比例可依個人喜好的濃稠度調整）；喜歡甜味的人，可以酌量加入蜂蜜。

2. 熟香蕉一根、蘋果一個、小黃瓜兩條、腰果五顆、核桃五顆、啤酒酵母一湯匙、亞麻仁籽一湯匙，加入一至兩杯水打成汁。

3. 帶皮胡蘿蔔一根、帶皮蘋果一個、與蘋果等量的鳳梨（有機鳳梨亦可帶皮）、熟香蕉一條、西洋芹一段、少許帶皮檸檬、蜂蜜酌量，所有食材打成汁。

一個人料理，一輩子健康

一個鍋子就能搞定

一個人的料理，也可以簡單又營養。出門前先把食材處理好，回家後只需要十到二十分鐘時間就有好菜上桌，比起從外面買回來吃還要節省時間。盛裝外食的免洗容器雖然用起來方便，卻不環保，有些容器材質遇熱還會釋出毒素，長期使用下來不但自己的身體要付出很大的代價，同時也造成了環境的污染。

我常選擇煮不同口味的大鍋麵、大鍋飯、大鍋粥或是大鍋米粉、冬粉等，一個鍋子就能搞定，不用洗太多鍋盤。簡單選幾樣青菜、豆腐、豆類、根莖類、菇類、海帶芽等食材，切成一致大小，按照食材的煮熟所需時間依序放入鍋裡，等到食材熟了，再加入自己喜歡的調味料就大功告成了。

講究的人，可以先熱油鍋，把蔥、薑或香菇等香料放入爆香，再加入高湯或水，以大火或中火烹調，依序放入食材。鮮嫩易熟的食材最後才下，甚至生食也可以。若想更節省時間，就將食材切成小丁。此外，平日就把米飯或麵先處理冷凍起來，或是利用前面教大家的冷凍快煮法，都是節省時間的好方法。

番茄、咖哩、紅燒等變化多

我很喜歡熬煮新鮮番茄當湯底。先把番茄切碎，放進鍋裡加水和少許海鹽熬煮，加一點點油可以增加口感，喜歡甜味的可加些黑糖。此外，番茄跟九層塔、芹菜都很對味。很多外食餐廳的番茄風味其實只用少許新鮮番茄，主要是以便宜但口味重的番茄醬調味，在番茄醬裡多少含有人工色素和人工香料，所以還是自己做比較安心。

除了番茄，也可以變化咖哩、味噌、麻醬、紅燒等不同口味。熬好的菜，可以勾芡淋在麵或米飯上，做成燴飯、燴麵。勾芡建議以蓮藕粉加水，最好選用台灣出產的有機蓮藕粉或是葛粉，不建議使用太白粉。咖哩粉不要買到含有味精、大豆分解蛋白和氫化油成分的產品，尤其是味精（Mono-Sodium Glutamate; MSG）。美國已有研究報告指出，味精會導致帕金森症、老年癡呆、腦神經退化等問題，只要看見成分表中有這樣的添加物，都要特別留意。

好的料理道具使人方便加倍

工欲善其事，必先利其器，選擇好的工具可以節省料理的時間。我很鼓勵大家盡量自己動手做，在家吃，為自己的健康把關，何況有好的器具，連麵包都可以在家自己做！

挑對刀具很重要

投資一把品質不錯的削刀用來削山藥、芋頭、絲瓜、佛手瓜等食材，能省下許多時間。好的菜刀也是一樣。我最喜歡的一家廠牌刀具，雖然價格較高，但是功能好又耐用，若保養得當，用個十幾年沒問題（可參考附錄）。許多台灣製的刀具很實用，只要常磨就能保持鋒利。

廚房裡應該有剪刀、削皮刀和菜刀，不同工具能發揮不同的功用。如果不想準備太多，建議選擇中式菜刀和水果刀。

麵包機烘烤幸福

有了麵包機，就能做出各種真材實料的新鮮麵包。只要將烘烤的時間配合起床時間預先設定好，就可以在麵包的香味中，幸福地醒來。

剛做出來的麵包最好吃，但隔天容易變硬。台灣人偏愛柔軟的口感，只要加入「湯種」就能搞定。

「湯種」基本上是用一份的高筋麵粉和五份的水煮成的麵糊（比例是一：五），放涼後冷藏幾小時或隔一個晚上就可以使用。使用時再加入麵糰一起發酵，就會讓烤出來的麵包非常軟綿可口（湯種法源自陳郁芬所著《65℃湯種麵包》一書的理念，可用溫度計準確地去準備湯種，如果嫌麻煩，不用溫度計也行）。湯種麵包的保濕性較好，質地較細、較有彈性。不過，我個人還是偏愛全穀類和全麥類麵包帶有嚼勁的口感。

運用麵包機的揉麵功能，就可以做饅頭、包子、發糕、蛋糕等點心小吃。只要熟練使用麵包機，真的可以節省很多時間。做一次麵包或饅頭可以分好幾天食用，冷凍保存可以更久。想吃時用電鍋蒸一下就好。不過，當然還是當天現做吃完最好。特別提醒各位，加堅果時要小心，不要刮傷麵包機內鍋，以免塑化物滲出不利於健康。

果汁機和調理機打出快樂

市面上雖有販賣各式調理包或沖泡粉，但是為了口感、味道、價格等因素，多少摻入了添加物，甚至還有未被標示出來的成分。食物一經過加工及保存處理，能量就會越來越低，不像新鮮食材具有較高能量。

曾經有位朋友好意招待我喝養生粉沖泡的飲品，儘管該養生粉強調不含防腐劑、人工色素，從內容物標示中也看不出有任何糖類或者甜分，可是喝起來卻有一種不自然的甜味，我的身體直覺性地抗拒飲用，因此，只喝了幾口就難以下嚥。

有了果汁機和調理機的輔助，就能自己動手做新鮮的豆漿、五穀漿。不過，天涼時最好避免一早吃水果或喝蔬果汁，以免腸胃受寒，削弱體力。

陶瓷鍋、燜燒鍋要正確使用

很多人使用市面流行的不沾鍋鍋具，不過實際上，應該避免使用這些宣稱絕對不會沾黏食物而方便清理的不沾鍋。所謂「不沾鍋」，表面塗料是一種俗稱「鐵弗龍」的聚四氟乙烯（ＰＴＦＥ）合成化學物質，當加熱超過攝氏二百五十度，就會開始變質，釋放出對人體有毒的物質；一旦溫度達到攝氏三百五十度以上，就會開始溶解、滲入烹煮的食物中。不沾鍋具一旦刮損，表面塗層便會剝落，這個時候不宜再使用，以免塗料滲入食物，危害人體健康。而在用鋁鍋、鐵鍋或不鏽鋼鍋時，也要小心重金屬污染以及可能引起的病變問題（例如老年痴呆症、帕金森氏症等）。

建議大家多用高溫燒成的陶瓷鍋（可參考附錄），既可避免重金屬污染，還能產生遠紅外線效果，幫助提高食物的能量。這種陶瓷鍋具是以無毒陶瓷礦物，如二氧化矽（SiO2）製成，它是一種特殊的黏土混合物，可吸收和釋放遠紅外線輻射熱，作為烹調食物的最佳熱能，烹煮時不必加太多的調味料，就能吃出食物的美好原味。此外，燜燒鍋對節省烹調時間很有幫助，如果挑選保溫效果好一點的燜燒鍋，可以保溫達到七至八小時。

● 有了果汁機和調理機，可以自己打出新鮮營養的飲品！

第3章

斷食的好處與做法

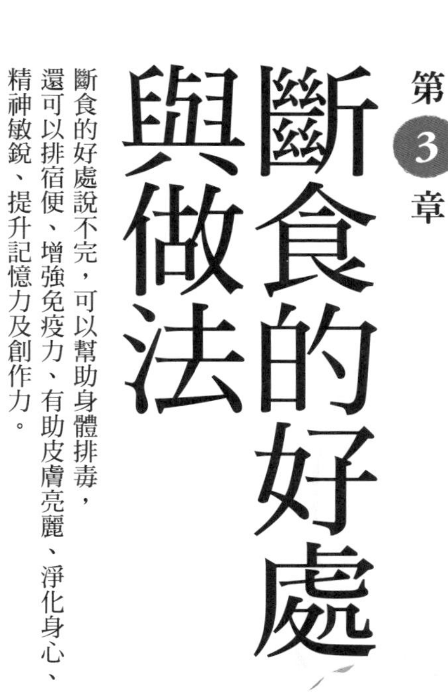

斷食的好處說不完，可以幫助身體排毒，還可以排宿便、增強免疫力、有助皮膚亮麗、淨化身心、精神敏銳、提升記憶力及創作力。

高能量斷食法：中短期斷食七～十四天

現代人在生活中因長期接觸化學添加物等有毒物質，最好能定期讓身體斷食排毒。短期斷食可以起到常規保健排毒、清腸減肥的作用。配合不同對症治療的藥，有助治療各種不同疾病，效果顯著。斷食能夠使人體消化系統逐步停止工作，讓腸胃在完全停止消化固體食物後，平衡消化系統，使身體的消化潛能自然修補後提升。

斷食有許多益處，除了幫助身體排毒，還有排宿便、增強免疫力、讓身體自然修復、有助皮膚亮麗、淨化身心、精神敏銳、提升記憶力及創作力等諸多好處。

個人進行斷食，要有受過斷食訓練的專業醫師或治療師從旁做正確指導。慢性疾病患者，特別是正在服藥者更須審慎，以免發生問題。

斷食前先減食

確定斷食前幾天就要開始降低食量，執行**減食**。建議減食天數為預期斷食天數的一半，假設要斷食十天，則斷食前五天就要開始**減食**。在減食期間慢慢降低飲食量，並且必須完全蔬食，不可食用動物性食品，同時也要降低鹽、糖與脂肪攝取，**直到斷食開始前一天，就只喝糙米粥**。

斷食第一天到第三天的飲品

高能量斷食法，也稱為人體基本代謝和機能的保護性斷食。除不吃任何固體食物外，斷食的第一天到三天，早上最好飲用溫熱微鹼性的高能量好茶，我自己是選擇古樹普洱茶（可參考附錄），因為能量很高而且非常純淨，沒有任何添加物。高能量的古樹普洱排毒效果好，屬微鹼性，對斷食中因脂肪燃燒而變酸的身體有很大的幫助。買普洱茶要很小心，如果發酵過程或保存方式不對，會有黴菌污染的問題，茶會有一股霉味。真正好的普洱茶很清香，完全沒有奇怪的味道。斷食期間最好飲用發酵過的茶較不傷胃，綠茶因未經發酵過程，所以斷食期間不適合飲用。

中午可以喝一杯以一湯匙檸檬酵素加入溫開水調勻而成的檸檬酵素水，或是以兩顆紅棗加十粒枸杞煮開後去渣的紅棗枸杞茶。晚上則可以喝一碗以黑、白、黃、綠、紅五種顏色各異的蔬菜，熬煮三十至六十分鐘後去渣的無渣蔬菜**「五行清湯」**。

第四天開始的飲品

第四天開始，早上只喝一杯淡鹽水（用一小撮喜馬拉雅山的岩鹽溶在一杯溫水裡），繼續喝古樹普洱茶，中午喝少量無渣的新鮮橙汁（半顆柳橙擠出的量），以滿足人體最低代謝量和電解質平衡。除非是極度飢餓，才在晚上喝一碗五行清湯，否則只能喝溫開水。

病人的斷食

病人的斷食，與非病人的單純斷食有很大區別。病人斷食的首要任務在淨化身體、清腸排毒和治療疾病。許多慢性病如：慢性胃炎、腎炎、高血壓、高血脂、高血糖、冠心病、糖尿病、腦血管硬化症等疾病，在經過斷食方法後，都可獲得很好的康復治療，達到疾病痊癒的目的。**但切記一定要在訓練有素的專業醫師或醫療人員正確指導下才可進行斷食。**

斷食後的復食步驟

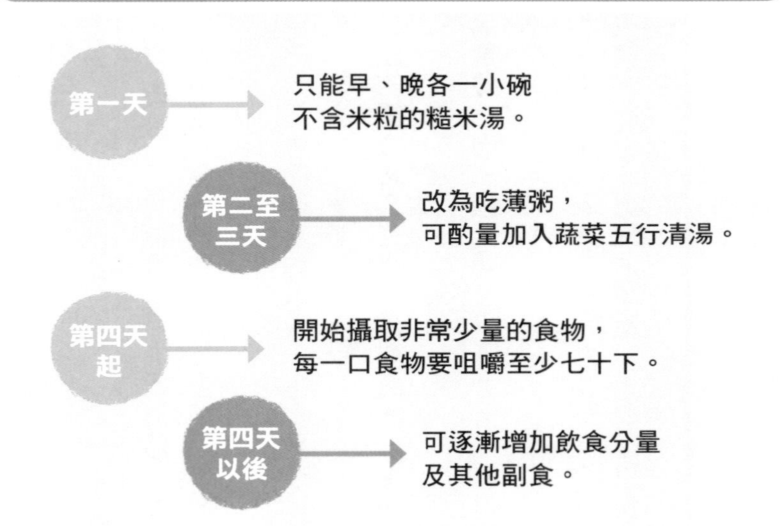

斷食後的復食是重要關鍵

斷食是否能成功地排毒治病，除了正確的斷食之外，成功的復食更是重要關鍵，所以斷食後的復食必須非常慎重，復食正確，才可避免舊疾復發以及其他疾病產生。

最初的復食，因腸胃氣弱易受傷，因此要非常非常小心。第一天只能早、晚各一小碗**不含米粒的糙米湯**，吃時慢慢地小口小口和著口水吞下；第二至三天改為吃薄粥，可酌量加入蔬菜五行清湯；第四天起開始攝取非常少量的食物，**每一口食物在吞下去之前，要咀嚼至少七十下**，不然容易傷胃；第四天以後可逐漸增加飲食分量及其他副食。

如斷食達七天以上，則復食的天數就必須加倍（斷食天數需經專業醫師判斷）。

復食的第四天可能會感到非常飢餓，此時切忌貪吃，不然腸胃會出大問題，務必遵守規定，否則除了斷食效果歸零外，還可能發生嚴重的副作用。

第四天起可開始吃些水果，主食是一日兩餐的糙米粥，副食則是湯、蔬菜、海藻等清淡食物。

最好的復食膳食菜譜宜少許海鹽，少油，並且完全無糖，主要以新鮮有機的蔬菜、水果和酸乳（即黑豆漿製的優酪乳），**並完全戒食魚、肉、蛋、奶至少三十天**；每日膳食的數量及卡路里可逐漸增加，直到第七天方可進食少量全麥麵包或是糙米飯。

病患實行斷食後，若是不按規定復食，破戒吃肉的話，症狀都易復發。此外，復食期間絕對不要碰甜食，不然以後容易對甜食上癮。

斷食中的注意事項

一般而言，斷食開始三至四天後即不再有飢餓感，到第五天應該已完全不會感到飢餓。在斷食期間要補足水分，若水喝不夠則容易頭暈，疲累。

此外，女性在生理期間最好避免斷食。

吞食太陽氣法

斷食者在一天中若能有兩到三次練功食氣的鍛鍊，可很快消除因斷食產生的飢餓、頭暈、無力等症狀，幫助減少不舒服的感覺，輕鬆度過斷食關。所以，學會「吞食太陽氣法」，早晚到戶外演練，是斷食強身中不可或缺少的主修功法。

演練「吞食太陽氣法」時，要先閉目面對太陽，如沒有太陽則面向東方想像太陽，接著開始喉部吞嚥動作，將口水和空氣迅速地吞入腹中，每次練習數百到數千口不等。

斷食期間的每一天都要飲用太陽水

太陽水的製作十分容易：使用寶藍色透明玻璃瓶，洗淨後裝入飲用水，以軟木塞封口後，在太陽下日曬三十至六十分鐘，就成為可以協助療癒的能量水。（藍色玻璃瓶不難取得，但如想取得可累積更好能量的藍色玻璃瓶，可購買瓶身刻有「感恩」二字的藍色玻璃瓶，製作出的太陽水能量更高。或是購買「感恩」兩字貼紙，貼在瓶身，有助正面能量的提升（請參考附錄）。

喝水時不要大口喝，要小口小口多次慢慢飲用，以確保適當供應身體的水分需求。

斷食期間的輔助療法

斷食期間的輔助療法包括戶外散步和其他運動，如深呼吸、午睡等。每日最好有至少三小時的緩和運動來刺激腸胃蠕動排除宿便。此外，練習「吞食太陽氣法」及能量運動，可增強身體免疫機能，消除斷食後的飢餓感及酸軟無力感，是排除體內各種毒素、宿便的養生健身方法。

斷食期間如配合做「每天五分鐘快速能量提升法」的能量運動（請參考附錄），加上適度的拉筋或瑜伽，排毒的效果會更好。

斷食期間的思想意識也很重要

斷食期間常常提醒自己：「不吃也很滿足，**精神越來越好！**」想像自己很滿足，身體越來越乾淨健康。如果真的很餓，可以閉上眼睛，練習「吞食太陽氣法」。

宿便排出後再慢慢復食

長期便秘者可能需要很久才會排出宿便，有些人甚至長達十四天或更久。配合便秘調整法的能量運動會比較快速（請參考附錄）。如果有長期便秘的人，在斷食期間的開始三天，建議每天飲用海鹽水加檸檬汁來促進排便（濃度要看自己身體的需求和便秘的嚴重程度而定）。

有的人是每天排出一點點宿便，有的人則會一次大量排出，一般是在斷食開始後的第四到十天陸續排出。宿便通常很黏稠，顏色黑黑的，非常臭，很容易辨識。

斷食期間嚴禁有毒化學物

斷食和復食期間，絕對不要接觸有毒的化學物品，包括菸、酒、檳榔、清潔劑、香水等等，也不可染髮或燙髮。還有，包括洗澡、洗頭髮、洗衣服等所用的清潔劑都要是天然的。

斷食期間的生理反應

體重減輕情形

斷食的第一至三天，體重減輕最多。一般而言，斷食前三天，每天會減輕一至一點五公斤；第五天以後，每天減輕零點五至一公斤；十天以後，則為零點三至零點五公斤，之後穩定減輕體重，這是身體自我調節，使消耗減至最小限度的關係。若體重要減少到斷食開始時的百分之四十，至少需要四十天以上，所以斷食七到十四天通常是相當安全的。

內臟器官的變化

1. 胃酸：斷食最難熬的是開始幾天，因為身體仍然照常分泌胃液，會有飢餓的感覺。但在三天至一星期後，因長期沒有進食，身體便停止分泌胃液，不再有飢餓感。

2. 肝臟：脂肪增多，肝糖減少。由於肝糖減少，脂肪要透過血液輸送到肝臟，所以血液中的脂肪質會增加。

3.排泄：斷食第二天，排便就會減少或停止。但斷食末期應有黑綠色、惡臭的宿便排出，這是體內有害物質被排泄出來，身心這時都可以達到完全淨化，尿量也逐漸減少，顏色變深。

4.生理機能：視覺、聽覺、觸覺變得敏銳，意識和聯想力也會增高，血壓則會顯著下降。

5.白血球增加：斷食第一天沒有變化，第三天開始增加，第七天起急速增加，日增約一點五七倍，甚至更多。斷食能消滅細菌，提高人體免疫力，原因主要在此。

6.舌苔：斷食時，舌面有稍多薄白苔，十天內不用清潔，進食後自然消除。

7.斷食後，女性的月事會改變日期是正常的現象，一般只會影響下一次的月事而已，然後就會自然恢復正常。

斷食期間的白血球變化

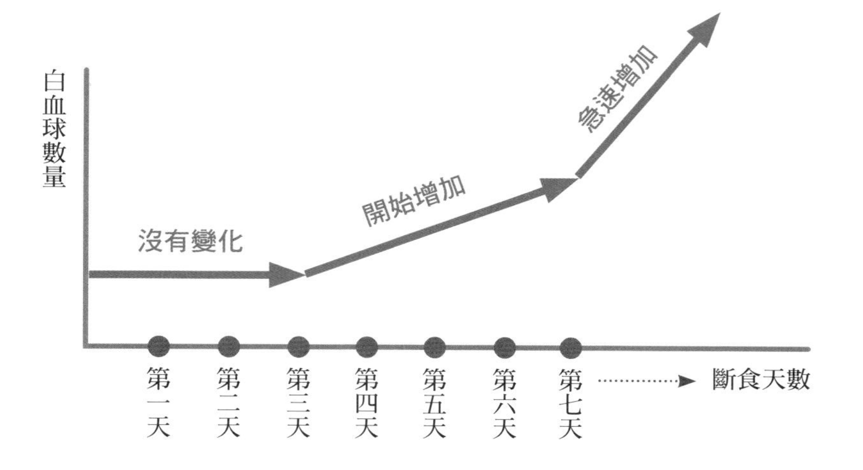

三個斷食排毒的實例

斷食排毒治病的實例甚多，在此舉三個真實個案，說明斷食可有效療癒的常見疾病。

斷食戒菸

三十五歲的王先生是電子公司的高階主管，有胃酸逆流、吃不胖的問題，菸癮很重，多次試圖戒菸，但都無法戒掉。斷食十天後，胃酸逆流全好了，菸癮也很輕鬆容易地戒掉了。王先生說斷食期間聞到菸味就想吐，根本沒有抽菸的念頭；斷食後，身體感到舒服輕鬆，也不想再抽菸了。

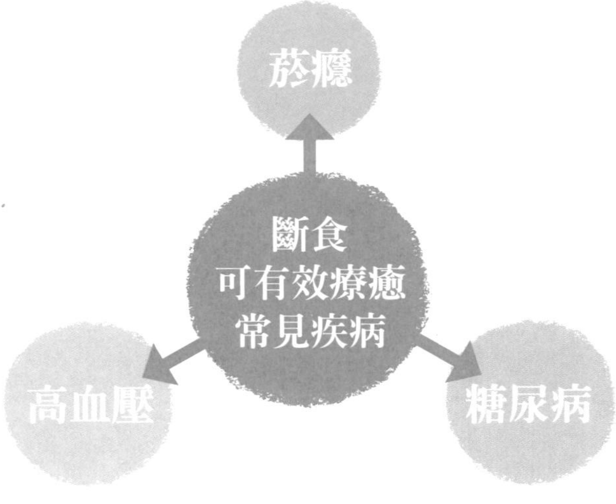

斷食
可有效療癒
常見疾病

菸癮

高血壓

糖尿病

斷食控制糖尿病

五十四歲的王女士是退休老師，罹患糖尿病兩年，須長期吃口服藥控制，但黃女士不想長期吃藥。經過飲食指導、心念情緒調整後，進行十四天斷食，至今已兩年不需服用任何控制血糖的藥，血糖均維持在正常指數，身體和精神狀態都很好。

斷食調整高血壓

七十四歲的陳先生退休後，雖然沒什麼壓力，個性卻容易緊張，有高膽固醇和高血壓的問題。原本陳先生每天都需服用三種不同的高血壓藥，但血壓還是控制不下，經其他醫師轉介到我診間後，將近一年的飲食調整、能量運動和情緒調整，原本每天三種共五顆的降血壓藥，已可減至一種，後來再幫陳先生做了十天的短期斷食，就可以完全停藥，直到現在都不需要再吃降血壓的藥，血壓也維持得非常好。

餐餐只吃七分飽，身體精神會更好！如果無法做短期的斷食，建議改採長期的減食，對身體也很好。

第4章

檢視你的生活習慣

不良的飲食習慣、壓力過大以及環境污染，再加上缺乏運動，都會造成免疫系統低落無力，使我們容易覺得身體不舒服。

不正確的生活習慣是健康殺手

姿勢不對和習慣不良會傷害免疫力

除了正確的飲食觀念，建立良好的生活習慣對健康也十分重要。許多人老是抱怨容易疲累，經常腰痠背痛或是肩頸疼痛，全身上下沒有一處輕鬆，長期下來，無形的生活壓力總讓日子很難過。如果生活習慣不正確，像是吃得不對、睡得不好或熬夜失眠、行立坐臥不正確，讓身體老是在不舒服的狀態下，當然會影響健康。

身體會覺得不舒服，除了日常活動姿勢不正確外，有些也與許多生活用品中所含的不當化學成分有關。不良的飲食習慣、壓力過大以及環境污染，再加上缺乏運動，都會造成免疫系統低落無力。

肩頸痠痛可能嚴重到麻痺

以打電腦為例，現代人——特別是上班族和年輕人，幾乎都離不開電腦，一坐在電腦前就幾乎不太起來活動，如果坐姿又不正確，久而久之，肩頸自然容易出現問題。痠痛常先從頸部開始，再朝肩膀、手部一路往下惡化，最後可能出現僵硬、麻痺的情形！

簡單做個實驗，拿起一個杯子，起初一定不會覺得重，可是保持同樣姿勢五分鐘不動，手臂就會出現痠痛感，再將時間延長到十分鐘，手部就有可能麻痺。所以長期使用電腦的人，若老是維持相同姿勢不動，時間一久，容易造成整隻手臂麻木無力，甚至引起頭痛。很多人會找按摩師推拿，想藉由按摩來舒緩手臂不適的症狀，可是如果日常姿勢不改變，就算暫時舒緩了，只要回到電腦桌前，手部的痠麻症狀很快會再出現。

保持正確姿勢和生活習慣，才是根本解決之道。從現在起，大家就來檢視一下自己的生活習慣，看看有哪些地方需要調整，才能針對本源來改善。

你的坐姿正確嗎？

不管是打電腦還是閱讀，大部分人的坐姿都不及格。很多人一坐下就蹺起二郎腿，其實這是坐椅子時位置不對所產生的姿勢。坐得太靠近椅背時，脊椎會不舒服，自然就得把腳蹺起來，但是長期蹺腳，很容易造成脊椎側彎，一旦脊椎側彎，身體就會出現許多毛病。

脊椎密佈著交感神經和副交感神經，一旦彎曲就會影響交感神經和副交感神經，進而影響心臟，造成心悸、心跳異常、心律不整等問題。自律神經系統失調的人，就是交感神經和副交感神經出現壓迫而產生異常的狀態。

如果身體感到壓迫，就應該趕快調整姿勢，讓脊椎回復舒服的位置，使不舒服感消失。可是，大部分的人非但沒有察覺，還可能企圖用按摩、推拿或整脊的方式改善。藉由整脊也許可以得到一點點舒緩，卻不代表問題已經解決，潛在的危機仍然蠢蠢欲動。

我認識一些技術很不錯的推拿師，幫心律不整的病人整脊後，病人會覺得心律不整的情況似乎消失了。然而這只是暫時改善而已，如果病人的姿勢不改，過一陣子還是會復發。況且，整脊醫師的素質落差很大，在美國曾有整脊醫師把病人整到半身不遂、四肢癱瘓的案例。台灣接受推拿後出問題的糾紛也時有所聞，想要整脊的人，千萬要小心。

對於因為姿勢不正確所引起的痠痛，根本的解決之道，就是選擇適當的座椅以及採取正確的坐姿。除此之外，沒有捷徑。

適當的座椅，正確的坐姿

不要小看座椅的形式和材質，建議大家選用自然材質的木頭椅或是太師椅，並且盡量坐在椅面三分之一的位置。坐著的時候，大腿和小腿最好保持九十度，讓腳掌自然貼地，這樣一來，背部就會自然挺直。

椅子的高度很重要，好的椅子應該要能自由調整高度。坐下時如果腳不著地，身體會很吃力。如果椅子太高，腳搆不著地面，那就找東西墊在腳下，才可以幫助背部挺直。大腿和小腿呈九十度的坐姿時，身體最放鬆、最省力。當背部挺直，身體沒有受到壓迫，血氣循環才能暢通，內臟才能得到適度的能量運作，人不容易累，自然精力充沛。

建議大家選用自然材質的木頭椅。

錯誤的椅子會讓身體出毛病

沙發不是椅子的好選擇。許多人一坐到沙發上，就不由自主地想躺下，並且很容易產生睡意。但是之所以想睡覺並不是因為沙發特別舒服，而是因為身體的能量和氣場都被堵住了，因而容易缺乏能量、陷於昏沉狀態而引起睡意。喜歡躺在沙發上看書的人，也很容易長骨刺或造成脊椎側彎，真的要特別留意。

打電腦時的正確坐姿

很多人打電腦時總是低著頭看螢幕，長久下來，容易造成頸椎僵硬痠痛，很不舒服。**使用電腦時，最好眼睛平視電腦螢幕**，長期倚賴電腦工作的人，建議使用桌上型電腦，好讓手與鍵盤呈垂直角度，手肘與手臂也能呈九十度，這是最省力的方式。使用筆記型電腦時，由於手和螢幕距離較近，手肘和手臂無法呈九十度，加上螢幕太低，必須低頭看螢幕，因此更容易引起頭痛或肩頸僵硬的問題，嚴重者甚至會造成骨質增生，形成骨刺的後遺症。

看書時，脖子要挺直

看書時最好使用書架，讓眼睛能平視書本；如果不想固定視角，也可以調整書架的角度。**重點是讓脖子挺直**，所以視線稍微往下也沒有關係。如果發現看書看了幾行後，注意力無法集中，或是講話詞不達意，就表示氣場出了問題。

有時看書看太久，字體變得模糊，則代表眼睛肌肉疲勞。此時，只要多看看遠方，再看看近距離的物品，讓視力遠近交錯運動一下，就可以得到改善。或者，也可以參照第五章的「能量調整法」，協助恢復氣場，使注意力集中。

● 看書時要用書架，讓眼睛能平視書本。

你真的會走路嗎？

有些人走路時，上半身會不自覺地往前傾，尤其是老人家，感覺上好像比較省力，其實，這和前面提到坐下來習慣蹺腳的原因是一樣的，都是因為姿勢不正確，而造成身體需要用另外一個姿勢來平衡。

正確的走路姿勢是下巴微微內縮，眼睛平視前方，右手往前、左腳就往前，右腳往前時、左手也會往前。如果不是這種交叉的走法，就不正確。

走路和身體的能量氣場是相關聯的。當人處在互通的能量氣場時，周圍的氣場可以流動輪替，走起路來自然輕鬆，如果氣流無法交叉而是各自平行時，反而會消滅身體能量，這也是為什麼很少看到有人是同手同腳走路，因為身體的本能會告訴自己，什麼姿勢才最舒服。

最好用雙肩背包

除了保持正確的走路姿勢，提包包的方式也很重要。包包最好選擇雙肩背包，走路時，手腳才能自然地左右擺動，帶動交叉的能量。如果是單肩背包，腳會往前動，但是手臂受制於包包的束縛無法自由擺動，容易引起能量氣場的混亂，所以走一小段路，就會感到手臂無力。使用雙肩背包，不但對於身體的能量有幫助，也不會把壓力集中在其中一邊，造成脊椎側彎等不良後果。

如果攜帶手提式公事包，在休息的時候，手臂可以演練倒8字（∞）的動作，擺動手臂增強能量，把氣場交換回來。做的時候務求緩慢，越緩慢效果越好。

挑一雙合適的鞋

鞋子也是幫助行走很重要的一環。現代人吃得多而寒涼，脾經都很弱，腳弓的地方比較平。腳弓較平的話，容易重心不穩，感覺腳瘦，所以在買鞋時最好挑選能夠支撐腳弓的鞋子。

揹雙肩背包對健康的好處多多。

所謂「腳弓」是腳內側彎曲的弧度。正常的腳弓在運動時最省力，一般鞋子都是以正常腳弓來做設計。要如何判斷自己的腳弓是否正常，可以透過以下兩種方式自行檢測：

1. 觀察自己的膝蓋是否可以直直站立，還是有內彎的情況。如果膝蓋內彎的話，代表腳弓已經完全平掉，這樣走路容易感到痠痛，所以一定要買可以支撐腳弓的鞋，或是請專人訂製。

2. 觀察鞋跟的磨損程度。一般來說，兩邊鞋跟的磨損程度應該是一樣的。當鞋跟出現特定模式的磨損，就需要找醫生或專家幫忙訂做適合自己的鞋墊。

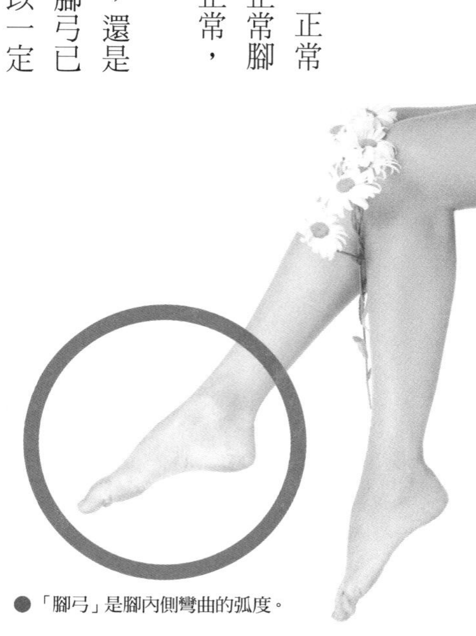

●「腳弓」是腳內側彎曲的弧度。

你的衣著能保護身體嗎？

衣服的質料很重要，穿著越天然的材質製成的服飾、鞋襪，對人體越好。棉、痲和羊毛都是很好的材質；至於蠶絲、毛皮等必須殺生才能獲得的產品，還是應該盡量避免。另外，如果要去氣場較低的場所，像是人多嘈雜的夜店、賭場等，則應避免穿著黑色衣服。

女性朋友要特別注意，穿戴有鋼絲的胸罩可能會對身體產生慢性不良影響，純棉的內衣比較好，有些運動型內衣如果有銅釦也不適合。擔心罹患乳癌的話，穿全棉胸罩比較安心。夏天穿牛仔褲容易因為悶熱感染黴菌。同理，布鞋要比膠鞋好。回家後，盡量打赤腳踩在自然材質的地板上，身體會感到非常舒適。

佩戴金屬會破壞身體平衡

很多人喜歡佩戴金屬飾品，甚至為了追求時髦而在身體穿洞，其實這些都會破壞身體的平衡，應該盡量避免。有個年輕女病人的家庭正常，沒有特殊問題，但是她長期吸收不良，胃不舒服，醫生診斷為腸躁症。我注意到她的肚臍佩戴了一個金屬臍環，後來發現她罹患腸躁症與開始戴臍環的時間非常接近。起初，她無論如何都不肯取下臍環，經過不斷溝通後才首肯，取下後不到一星期，胃腸不舒服的情況就完全消失了！

還有一個佩戴鼻環的病人長期有頸椎痛，在拿掉鼻環以後，情況也很快獲得改善。所以，千萬不要任意在身體上打孔、穿洞，有金屬配件的腰帶也要少用。手錶上若有金屬，則盡量戴在右手，因為氣是從人體的左手進、右手出。

頭部保暖最重要

當天氣變冷時，許多人會穿上厚襪、戴上手套，卻忽略了最重要的頭部保暖。雖然人通常會從手腳開始感到冰冷，但是事實上，身體最重要的器官依序是頭部、五臟六腑，最後才是四肢。天冷時，如果頭部沒有做好保暖，身體會為了保持頭部溫暖，而將所有的熱量集中到頭部及軀幹，反而容易造成熱量快速逸失，研究便指出，人體中大約有七成的熱能是從頭頂散失，所以戴帽子才是最重要的保暖動作。

只要頭部保持溫暖，氣血順暢，身體其他部位就會自然暖起來，手腳也不會冰冷。經常手腳冰冷的人，代表血液及末梢循環較差，需要多運動，來幫助身體維持暖和。

你的日常清潔用品安全嗎？

在現代生活中，化學藥劑簡直無所不在，或許短期內還感覺不到這些毒性的殺傷力，但長期下來絕對是造成人體傷害的可怕危機。除了穿著要選擇天然材質外，貼身的物品也要盡量以天然為主，包括衛生棉、清潔劑、洗潔劑、乾洗劑等日常生活用品，只要是貼近皮膚，身體可能吸收到的用品，都要注意避免沾染化學物質。

衛生棉也要有機

針對女性朋友，我還滿推薦以「洗滌式純棉衛生棉」，取代一般市售的拋棄式衛生棉。洗滌式衛生棉的好處很多，一來透氣、吸收力強，二來較不會潮濕而產生異味，也較環保。

女性來潮期以平均四十年計算的話，每個女人一生大概得消耗五千到六千片衛生棉，對環境來說，真是很大的負擔。何況，市場上賣的衛生棉常使用漂白劑、化學香劑及其他化學添加品，使用後可能引起尿道感染，每當女病人有這方面困擾時，我就會建議改用洗滌式純棉衛生棉，通常可以獲得很明顯的改善。

在健康概念引導下，台灣已有部分有機店和網路商店販售天然的衛生棉，無論洗滌式或拋棄式都有（請參考附錄）。

選用天然清潔劑

成分越少越好

選擇清潔劑的標準很簡單，就是用料自然，無香料、防腐劑等化學添加物，而且所含的成分越少越好。人體的皮膚細胞有很強的吸收力，所以減少接觸劣質化學物品，對健康是很重要的一環。日常用品中所含的成分越複雜，化學物質就越多，殘留的機會也越大，不然就是揮發到空氣中，邊用邊聞，吸引進身體卻渾然不知，危險度更高。

天然洗髮精讓頭皮自由呼吸

以洗髮精為例，非天然的洗髮精大部分都含有矽（silicon）和一些化學添加物。使用後，可能會覺得頭髮特別滑潤舒服，事實上是化學物品將頭皮及頭髮包覆，反而使頭髮無法呼吸，長期下來會阻塞毛囊，對頭皮及頭髮都不好。

以前我也用過很多潤絲精，後來發現這些潤絲精內含三、四十種化學添加物，實在太驚人了！現在我則改用天然洗髮精，也不再使用任何潤髮產品，頭髮依舊烏黑光亮。

其實，只要正常毛囊能呼吸，毛孔通暢，自然會產生油脂來滋潤頭髮，再配合勤於梳髮，刺激頭皮毛囊分泌油脂，頭髮就會很光滑、亮麗。

剛開始用天然洗髮精時會覺得頭髮乾澀，這是因為長期包敷頭髮的添加物都被洗掉了，有些人的頭皮還會湧出大量油脂；不過，只要兩個星期的過渡期，頭皮就能重新呼吸，進而擁有一頭健康的頭髮。

洗髮精＋按摩＝解決頭皮屑困擾

四十五歲的徐先生頭髮老是油膩膩，隨便一撥頭髮就有雪花片片的頭皮屑，讓他覺得很困擾，即使天天洗頭，頭皮屑依然沒減少，尤其在冬天更嚴重，每次穿深色衣服時，掉落的頭皮屑都讓他必須頻拍肩頭，甚至有時還有善

意人士提醒，讓他覺得很尷尬。當壓力大或熬夜的時候，頭皮屑的掉落情況更是特別嚴重。

起初，他使用市售的抗屑洗髮精有些效果，過了一段時間後卻又故態復萌。他去看了皮膚科醫師、用了抗黴菌的洗髮精，效果也都很有限。

現代人用的洗髮精常添加矽膠等化學物質，讓頭髮易梳理，看起來光亮，但頭皮的毛細孔卻易阻塞，造成黴菌生長，產生頭皮屑。要解決這種頭皮屑的困擾，可以這麼做：

改用天然的自製洗髮精

洗髮精成分越簡單越好，可以考慮用苦茶粉來洗頭，既便宜又好用，頭髮很乾燥的人，可以加點醋和橄欖油，自製的手工皂也是不錯的選擇。總之，盡量避免使用市面上的洗髮精。天然的洗髮精可參考附錄。

每天用指腹梳按頭皮

每天用十指指腹梳遍整個頭皮至少三百下，可以梳到五百下更好。梳頭的步驟可以幫助頭皮上堵塞的毛孔有機會排出廢物，毛細孔才能呼吸。梳的時候要用指腹，不要用指甲或指尖，以免傷到頭皮。另外，若發現頭皮部位有點疼痛或結節，就代表那裡有阻塞的穴道，試著反覆地按

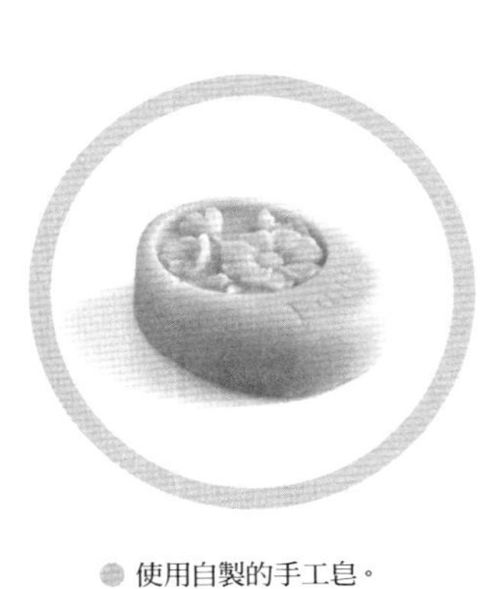

使用自製的手工皂。

揉，直到揉開。

梳頭不但可以治療頭皮屑，因為疏通了經絡，還能治療白髮和頭髮稀少等問題。經過頭上的經絡很多，如果能揉開堵塞的穴道，對身體的健康有很大的幫助，更可以達到醒腦，讓頭腦靈活的功效。

如果每天按時照做，大概二到四個星期就可以擺脫頭皮屑的困擾了！

改善白髮和脫髮煩惱

除了頭皮經絡不通的影響，壓力太大或愛生氣的人也容易有白髮和脫髮的問題，所以情緒管理和壓力處理也很重要。

飲食方面，要多吃黑豆、黑芝麻等黑色食物，可以幫助減少白頭髮。

如能確實照著這些方法做，白髮或掉髮問題可以有很大的改善，就不需要染髮或戴假髮了。

認明清潔劑的成分標示

選擇天然的清潔劑，不但保護自己，也保護環境。天然成分包括：生薑、精油、蘆薈、蠶絲蛋白、平菎菜、甘油、椰子油等材料。不過，大多的成分標示常是英文，就算用中文標示也未必清楚。另外有個簡單的判斷方式是看成分的數量——如果標示成分高達二、三十種，就根本不必考慮，選擇成分在十種以下的產品，比較能令人放心。

我使用的清潔用品幾乎沒有超過十種成分的，洗澡用的是手工製，成分只有兩、三種的天然素皂；洗碗則用天然製劑加入好水稀釋，像是無患子、苦茶粉、素皂等都是很好的選擇。或者自己動手做一些天然的替代品，以一般工業用醋加上蘇打粉，就能達到不錯的清潔效果，可以當作家用清潔劑（可參考附錄）。此外，熱水和ＥＭ菌（Effective Microorganisms）也是很棒的天然洗潔劑。ＥＭ菌是由八十種微生物組成，可排除環境中的毒素及異味。

自然的空氣清淨劑最清香

除了皮膚會吸收有毒清潔劑外，藉由空氣而進入人體的空氣清淨劑也經常被忽略。很多人喜歡在空氣中噴灑或擺放芳香劑，表面上看似淨化了空氣，其實這些物品含有很多化學物質，反而會造成污染。建議大家使用自然的除臭劑，譬如：黑炭、茶葉渣、原木屑等。無論如何，天然的除臭劑對人體的健康影響，比化學製的香精要好太多了！

原木屑也是很好用的天然除臭劑。

你有好好睡覺嗎？

睡眠是身體自我修復的重要方法，睡得好的話，醒來很舒服，不會想再睡回籠覺。人體的脊椎有弧度，如果要讓脊椎完全的放鬆，建議靠右側睡，姿勢有點像吉祥臥佛，這是身體最自然、最不費力的睡姿。習慣仰躺的人，會對脊椎帶來壓力，嘴巴也會不自覺地張開，容易打呼。氣血完全暢通的人，可以一個姿勢一覺到天亮，但如果氣血不通，就會不斷翻身，影響睡眠品質。

改善睡眠品質的四大原則

許多人常常平日工作時生龍活虎，一到假日不是生病，就是懶洋洋地睡上一整天，然後再調侃自己是勞碌命。其實，這是因為平常忙得沒有力氣生病，休假時生病，代表身體只能等到假日才能進行修補，這些都是身體發出的警訊，千萬不能掉以輕心。以下列出幾個幫助改善睡眠品質的重要原則，想要擁有最舒適的睡眠與最完整的健康，請務必參考這四大原則：

早睡早起身體好

睡眠是身體進行修復的重要機制，晚上十點到十二點之間一定要睡覺。人體的免疫系統與三焦經息息相關，晚上九點到十一點正是三焦經修復的時間，這段時間是保養免疫系統的黃金時段，身體最好能處於睡眠休息的狀態。

長期日夜顛倒的人，能量耗損很大，即使目前身體沒有異狀，但總有一天身體會出大問題，所以一定要調整睡眠時間，儘管改變睡眠習慣並非一蹴可幾，還是得慢慢調整。

我的建議是：可以把晚餐時間提前一個小時，再提早一個小時準備睡覺；經過一段時間後，試著把晚餐及睡覺的時間又再往前提一小時，如此漸進式地調整，只要持之以恆，就可以把睡覺時間調整到正常時段。

如果老是睡不著，或是半夜常起來上廁所，就要去檢查看看是否有膀胱、糖尿病或是精神感官方面的問題。

注意方位：頭朝北方睡很消耗能量

如果常常覺得沒睡飽，早上起床時會很累，都跟能量消耗有關。注意一下床的位置，不要讓頭朝北睡，以磁場的觀念來看，頭朝北方睡覺很消耗能量。

我剛回國的時候，暫住在父母家的客房，晚上幾乎一小時就醒來一次。我向來沒有時差問題，不知道為什麼那一回這麼嚴重，只好換到其他的房間睡，結果這種情形就不再發生。當我又回到原本的客房睡覺時，卻再度出現每一、兩個小時就醒來的情況，後來才發現是磁場的問題。大家也可以試試看，自己睡哪一個方位會覺得比較舒服。

臥室裡遠離電器用品

拜現代文明科技所賜，電磁波無所不在。白天在外活動，難免會接收不少電磁波。但是到了晚上睡覺時，最好盡量遠離電磁波，睡眠才不會被干擾。

臥室裡面最好不要擺電視，很多人喜歡看著電視慢慢入睡，其實這是很不好的習慣。此外，床的周圍不要有任何電器和３Ｃ用品，如手機就不要擺在床頭；也不要留有任何充電式的物品在插座上，更不要使用電毯，以免電磁波直接傷害身體。

注意通風和溫度

臥室一定要通風，並要注意溫度和濕度的調節，室溫最好介於攝氏二十六至二十八度之間。同時，床的位置不要對著冷氣口，也不宜靠窗，因為睡覺時，皮膚的毛孔會張開，如果靠窗睡，當夜晚溫度下降時，寒氣容易沁入體內，對身體健康很不好。

挑對寢具睡好覺

床墊選天然材質

睡覺的姿勢很重要，加上好的寢具，可以讓睡眠品質更優。一般來說，能透氣、不會蓄藏塵蟎的天然材質寢具最好，像是使用籐、山棕等天然材質編織的床墊、透氣涼爽的椰絲床墊，或是木板床、榻榻米，只要鋪上涼爽材質的墊被，如麻、棉材，都是不錯的寢具。大部分的人氣血不是很暢通，睡木板床可能會覺得不舒服、筋骨痠痛，這其實是身體傳達的警訊。在炎熱的夏天，可以鋪上草蓆或竹蓆比較涼爽。

提醒大家盡量不要睡彈簧床。睡起來很舒服的彈簧因為有捲成一圈一圈的金屬，所以會釋放很強的電磁波，對身體不好。有自動升降裝置的床，也有電磁波與磁場輻射的問題。

綠豆殼、茶葉枕有支撐力

在枕頭和床單方面，天然材質當然還是優先選擇。我覺得最好的枕頭是以綠豆殼或茶葉填充的枕頭。用綠豆殼或茶葉填充的枕心支撐力很好，可以隨著頭部形狀變化而調整。而且這種枕頭能透氣，不會產生壓迫感，還有吸汗效果，這些都是人造纖維枕頭沒有的優點。雖然市面上有許多號稱高科技的枕頭和床墊，能夠記憶人體形狀，但是這類枕頭和床墊會跟著人體躺臥凹陷，反而無法支撐身體，加上密不透風的材質，無法通氣和散熱，會使人越睡越熱，就會想吹冷氣，缺點不少。

小心睡著時吸收寒氣

其實睡覺時最好不要吹冷氣，也不宜讓電扇直接對著人吹。寒氣一旦進入體內，身體免疫力容易下降。如果早上起來會打噴嚏、流鼻水，那就是晚上受涼了。很多有長期過敏性鼻炎的病人，無論年紀大小，只要願意配合排寒氣，通常都能治癒相關的症狀。

此外，在床底下不宜放任何雜物，以免堆積灰塵，造成過敏。尤其是尖銳的物品更不要擺在床下，會影響先前提過的能量氣場。

● 木板床加涼爽的墊被便是自然、舒適又健康的寢具。

你常處在壓力中嗎？

認清自己的壓力來源和本質

壓力主要來自內在煩惱

現代人普遍壓力都很大，大到讓人習以為常，即使別人只是超個車、紅燈停太久，都可以形成莫名壓力，讓情緒煩躁、血壓上升。糟糕的是，大家都把這種現象合理化，認為這是現代生活難以避免的重擔，而輕忽了壓力對人體的莫大傷害，尤其是上班族，長期處在工作壓力下，如果不懂得紓解，對身體健康造成的影響更大。

壓力多半來自於內在煩惱，而煩惱的原因都是沒有活在當下，卻將心思放在過去和未來的臆想。舉例來說：在上班途中，如果能專注當下、好好走路，就可以輕輕鬆鬆到公司開始一天的工作。但是多數人都是急急忙忙，心情遠離了「走路」這件事，而是想著：「完了，快遲到了！得趕緊到公司，遲到了會被扣薪水，老闆也會不高興！領不到年終獎金，甚至無法升遷！上一次遲到，老闆已經給我臉色看，如果再遲到鐵定會被炒魷魚！萬一失業怎麼辦？……」這些不自覺的胡思亂想將使得壓力越來越大，導致身體緊繃，血壓和血糖也會跟著升高。

便秘、失眠可能是壓力造成

壓力是酸化人體最大的因子，當身體感受壓力時，交感神經會整個興奮起來，心跳跟著加快，血液循環加速，這是源自早期人類處在與野獸或敵人爭鬥的情境下，必須隨時奮戰或是拔腿快跑的自然機制反應。儘管幾百萬年後，現代人類已進化，不必再像老祖宗一樣戰鬥或逃跑，但是面對工作、家庭、父母、小孩，甚至是政治、經濟的巨大變化時，也會產生類似消耗能量的狀態。

交感神經和副交感神經兩個系統作用是相對的，副交感神經負責消化、睡眠、呼吸等功能，讓人體心臟跳得比較慢，控制血壓不要太高。當身體警訊傳來，交感神經會開始加速運作，副交感神經則被壓抑作用。長期處於壓力下的人，交感神經會不斷興奮，讓呼吸變得短促、心跳加快、血壓上升，進而消耗相當多的能量，還會伴隨便秘、腹瀉、失眠、焦慮等擾人症狀出現。

處理煩惱的最好方式是學習讓自己回到當下，清楚但放鬆地面對及解決問題。透過禪修、內觀等等不同方式，都可以慢慢練習「回到當下」。

只要α波，不要β波

當壓力來臨時，腦部會持續產生β波，耗掉人體較多能量。同時，壓力也會讓身體處於緊張狀態，造成肌肉緊縮、疼痛。肌肉越痛，縮得越緊繃；肌肉越緊繃，身體越痛，結果便形成了惡性循環。長期下來，容易導致免疫系統、神經系統等功能失調，引起淺眠、無法入睡、容易焦躁與沮喪等反應。

相反地，當心境平和時，腦部產生的是比較寧靜、安詳的α波。α波耗費的人體能量相對較少。所以如何保持心情愉悅、心境平和，避免交感神經上衝，就成了一件很重要的事情。

很多人說，光是應付生活都快來不及了，哪來的心境平和可言！生活的確不容易，所以修心是一項長久的訓練，心中有愛的人，比較不易生氣，比較不會受到生活中紛紛擾擾的影響，如果不學著修鍊，就很難從煩悶與壓力中解脫出來。擁有感恩心與慈悲心的人，通常會打從心底感到滿足，成為壓力的絕緣體，自在而快樂。

你常運動嗎？

運動可以幫助人體的淋巴系統正常運作，並且有助於血液循環，將身體累積的毒素透過汗水、尿液排出，增強免疫力、降低血中膽固醇、減少肌肉萎縮及減緩骨質疏鬆，好處多得不得了！想要讓氣血循環、經絡通暢，運動是很重要的一環，可是很多人每天回到家總是累到懶得動，長期不運動的結果，就是氣血不暢通，關節、肌肉退化得很快，身體機能也大為降低。

沒時間運動其實是藉口，運動不一定得大費周章，或是特別準備才能做。任何時間都可以隨時扭動一下身體，就算只動個十分鐘，對健康都有益處。例如一覺醒來時，先不要急著梳洗，做個起床柔軟操，就有助於喚起一天的精神活力。

每天起床後，可以先做五分鐘快速能量提升法運動（見第一六〇頁〈集中注意力的能量調整法〉），剛開始做會比較慢，練熟之後，五分鐘就可以把能量場調到最佳狀況，讓自己煥然一新，精神好、不容易累，還有能幫助提升記憶力和專注力、增強免疫系統等許多好處（請參考本書附贈ＤＶＤ，以及「九心喜悅——快速能量調節法」ＤＶＤ）。

有氧運動前，先養氣血

很多人喜歡上健身房用跑步機或跟著教練做有氧運動，以為運動量大，可以促進血液循環和心肺功能，卻忽略了這類運動既耗體力也耗氣，更會耗掉能量。氣和血的循環不一樣，對能量足夠的人來說，做有氧運動很好，做完會覺得輕鬆、舒服。不過，對本身氣血不足的人來說，做有氧運動容易越做越累，適得其反。

氣血不足的人在做運動前要先調息，把氣血養足了，再去做有氧運動，要不然，挑選能兼顧養氣及養血的運動，也是好方法。而如果想做的運動能夠調養自己的心，就是更理想的選擇了。

我在大學時主修運動神經學，對於有氧運動涉獵不少。很多強調增進心肺功能的運動習慣，搭配高分貝的音樂起舞，在過程中雖然活力十足，可是人心一直處在急躁起伏的狀態中，很難調節心情。這樣的運動方式或許有助促進血液循環，經絡通暢了，不過相對地也耗掉了許多身體能量。

後來，我接觸到打坐和禪修，學習把心放鬆，自己的身體也跟著放鬆，這就是養氣、養血又養心的好運動。當人的心境平靜時，新陳代謝順暢，不會無謂地耗掉能量，整個身體的功能可以達到一個最好的狀態。

養氣、養血又養心的好運動

以下是幾種我個人體驗過、也很喜歡的運動，並提供大家在從事這些運動時應留意的原則。這些運動都符合我提倡養氣、養血又養心的運動原則，而且，不需要藉助任何運動器材，也不需要很大的場地，任何時候，只要覺得身體痠痛、筋骨僵硬、不舒服，隨時隨地都可以做，大家不妨試著動動看。

1. 瑜伽：

瑜伽講究呼吸與調息，是源自於印度的養生運動。練瑜伽一定要找到好的瑜伽老師，才不會讓身體受傷，高明的瑜伽老師不會強迫學員做困難的動作，而是從帶領學員調息、放鬆做起，只有在心情放鬆後，身體才有辦法自然放鬆。很多看起來難度很高的瑜伽姿勢，都是在放鬆的狀態下完成的。做瑜伽時要在聲色柔和、配合呼吸並全身放鬆的情況下進行。千萬要記得，做瑜伽是為了調養生息，而不是追求完成高難度動作的虛榮。

2.太極拳：

太極拳的動作看起來緩慢，真要做好卻不簡單。練太極拳法不但可以養氣，也能像有氧運動帶動血液循環，更進一步可以調養身體與心理。現代人都太急躁了，太極可以同時練氣調息，幫助穩定，避免太多的情緒干擾。一個人只要氣血充足，打太極拳會越做越有勁，不會覺得累。

3.太極導引：

現代人因為緊張，肌肉經常處在緊繃狀態，肌肉緊繃就容易拉扯骨頭，造成骨頭增生及骨刺的問題，這時可以試試太極導引。

太極導引和太極拳有異曲同工的類似作用，差別在於太極導引把動作擴及身體的個別部位，舉凡：手指、手腕、手臂、頭、腳、背等不同部分，各有各的動作，嘗試打開身體的全部關節，慢慢放鬆身體，促進氣血通暢，讓身體回復孩童般的柔軟狀態。

人體經絡透過關節散分在兩百零六塊骨頭上，很多人因姿勢不良、外力重創，或是骨質疏鬆，乃至自身免疫系統失調引起的風濕性關節炎、退化性關節炎等原因，讓骨頭走樣，使得氣血無法順暢運行，藉由練習太極導引運動可以得到很好的幫助。

這個運動需要耐性與恆心，才能進入狀況。長期練太極導引的人，即使年紀再大，身體還是能保持柔軟。

4.平甩功：

對於不喜歡過度躍動、流汗的人來說，平甩功是很合適的運動。這種運動很容易學，不過要找對老師，才不會浪費錢。

另外，還有**生命自救功**、**元極舞**、**八段錦**也都是不錯的養氣血的運動。**游泳**也很不錯，不過對於骨質疏鬆的防治效果較低——能夠預防骨質疏鬆的運動，必須是結合地心引力，讓雙腳踩在地上的運動。

運動完，可以用手臂帶動全身，橫向畫「8」字幫助放鬆。

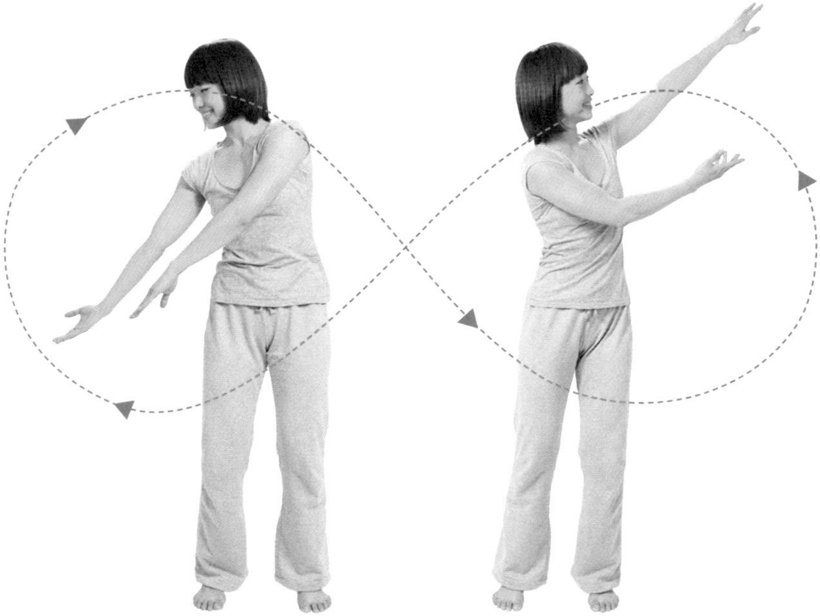

● 運動完之後用手臂橫向畫「8」，可以幫助身體放鬆。

排解壓力的方法

前面提到透過修心來幫助心境平和，避免壓力干擾，但修心不易，無法立刻達成，因此，平常可以藉由靜坐、瑜伽（包括「笑瑜伽」等）、深度放鬆、按摩、泡熱水澡、精油放鬆等方式，或者練習正向思考、看一些喜劇電影，來達到舒緩壓力的效果。

靜坐

靜坐未必需要盤腿，每天只要二十分鐘，很快就可以把身心調到最佳狀況。方法很簡單，只要靜靜地坐在椅子上，不需要想特別的事情，如果有煩惱不斷地湧現，就問自己：「為什麼我感到如此煩惱？如果今天是生命的最後一天，這些事真的如此重要嗎？」一邊想，一邊搭配深呼吸調息，肩上的重擔會在一次又一次的吐氣間慢慢消失。

正面思考

研究證明，正面思考可以幫助提高身體免疫力。美國科學家曾經用不同影片進行正面思考實驗。讓兩組人分別同時看納粹和德瑞莎修女的影片，然後抽血檢測觀賞影片前後的免疫系統相關血值，結果顯示：看完納粹影片的人，免疫系統明顯下降，二十分鐘後才慢慢恢復正常；相反地，看德瑞莎修女影片的人，免疫系統反應非常好。

笑

笑有很好的療效，大笑的效果更好。人在大笑時，身體是放鬆的，腹部的起伏也會幫助加深呼吸，原本緊張的肌肉放鬆下來，氧氣及養分就可以被帶動到體內更深層。

深呼吸

呼吸的作用是把新鮮的氧氣送進肺部，經由氣體交換後，再把不要的廢物及二氧化碳排出，達成體內的循環功效。不過現代人的呼吸都太淺、太急促了，使身體末端產生缺氧狀態，帶來組織病變，讓毒素排不出去。深呼吸可以幫助加速體內廢棄物代謝，將氧氣帶到身體深層。只要覺得心情煩躁或壓力很大的時候，可以直接在座位上，深呼吸三次後，再搭配以下任一身體或手部的舒緩動作，讓自己放鬆，就像胎兒在母體裡一般自然律動，幫助帶來祥和平靜。做深呼吸時，記得要用鼻子吸氣、嘴巴吐氣。

深呼吸搭配手部律動

1. 靜下心來，覺察自己的呼吸，享受「一吸一呼，一吸一呼」的節奏。
2. 一邊呼吸，一邊將兩手的拇指、食指、中指等三指輕輕碰觸在一起，然後，配合著呼吸節奏，兩手三指重複地做著張開、併攏的動作。如此腦部慢慢進入穩定的 α 波，人就會逐漸放鬆下來。

深呼吸搭配身體律動

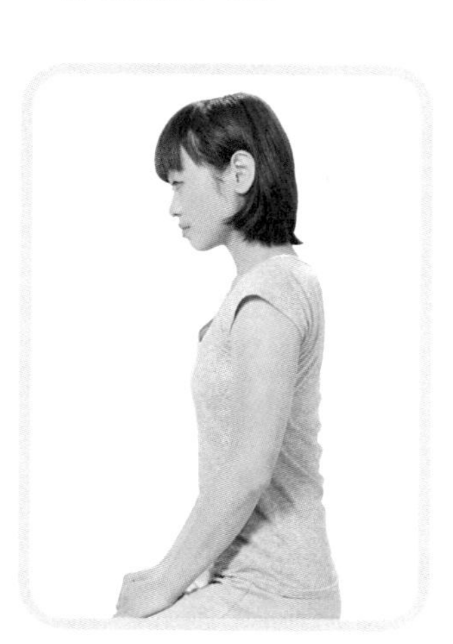

1.頭微微上仰，身體順著稍微前傾，深深地吸一口氣。

2.吐氣時，背和脊椎稍稍往下彎，身體慢慢坐直。

第 5 章

提高效率的專注力養成法

其實，只要飲食上盡量少肉多素、少加工品，睡眠充足，再配合能量動作調整法，就能改善無法專注和健忘的問題。

爲什麼總是無法專心？

從事會計工作的張小姐，記憶力和算術能力一向都很好，但近來常常忘東忘西，她擔心哪天會出大問題，卻又不知如何改善，經由朋友介紹，來找我看診。

張小姐在三個月前與男友分手後，常於下班後上網與網友聊天打發時間，耗到晚上十二點、一點才拖著疲累的身體上床，但是躺在床上卻覺得精神很好，只能想東想西地逼自己趕快入睡，結果，總要熬到凌晨三、四點才能慢慢睡著，隔天起床時自然痛苦萬分，漸漸便覺得工作時很難靜下心來，判斷力也變差了。

一般來說，長期無法專心的原因可歸納如下，我們會一一探討：

一、睡眠不足；二、飲食不當；三、無法處理煩惱及壓力；四、過度使用３Ｃ產品、接收過多媒體刺激，且缺乏接近大自然的運動。

一、睡眠不足

晚上九點到十一點是黃金睡眠時段

下班回家後總是上網、看電視、打電動、講電話，非得過了十二點才想到應該就寢，上了床卻又翻來覆去，難以入睡嗎？

晚間十一點還不睡，肝火就會生起，這時精神會變得越來越好，很難入眠。一般人在晚上九點到十點左右都會感覺疲憊，這是因為三焦經在晚上九點到十一點進行修復。免疫系統與三焦經有很大的關聯，這時也正是人體睡眠的黃金階段，到了十一點，肝火一起來，就會睡意全消，可能要熬到凌晨三點以後才會累到睡著。長此以往，讓身體靠著肝火生起而撐著不睡，就像是向身體銀行貸款，除了加速老化，日後身體還會連本帶利地跟你要回來，所以盡量要在十一點前上床睡覺。

至少在睡前四小時吃完晚餐

想改變睡眠時間並非一蹴可幾，慢慢調整是比較好的方式。建議先將晚餐及上床睡覺時間各提前一小時，進行一段時間後，再將晚餐及睡覺的時間繼續往前提，如此漸進式地調整，只要持之以恆，絕對可以調整到理想的作息時間。

如果想早睡，晚餐就要早點吃，最好在睡覺前至少四小時吃完，尤其是不易消化的肉類、海鮮類盡量不要吃。現代人晚餐吃得太多又太晚，所以腸胃都很差。吃得晚的人，睡眠品質都不好，早上起床很辛苦，而且起床後胃口也不好，容易有胃酸逆流的問題，甚至還需要長期服藥。

如果真的很晚了還沒吃飯，不妨吃點蔬菜、喝蔬菜湯、切盤水果或喝杯豆漿止止饑即可，千萬不要再大吃大喝，否則不但容易發胖，還會影響睡眠品質。

若能早點上床，隔天一早起來，胃口自然很好。把身體及精神調整好，工作效率提升了，自然有時間可以做自己想做的事。如果工作效率差，不只需要多花時間做事，也可能因為效率不佳、常出錯而被炒魷魚，到時就得不償失，後悔莫及了。

二、飲食不當

第一章曾提到飲食不當造成的問題，若吃了太多不好、不對的食物，將間接影響健康，甚至使人專注力降低。

避免低能量、高熱量食物

低能量、高熱量的食物包括：速食餐飲、漢堡、薯條、炸雞、可樂汽水、調味果汁、冰淇淋等食物，吃了反而讓人覺得既容易餓又容易累。建議多吃低熱量、高能量的食物，例如：清淡可口的蔬食、五穀雜糧，或是不會太甜的自然當季水果等。

少吃精緻糖、精緻澱粉

白米、白麵、白吐司、蘿蔔糕、芋頭糕、甜食、糕點都屬於精緻食物，容易讓血糖不穩定，吃了會快餓也快累。臨床醫學研究更發現，老是吃精製的碳水化合物，會導致高血糖，進而引發如：糖尿病、高胰島素血症、高血壓、好膽固醇（ＨＤＬ）降低、高三酸甘油脂、心血管疾病、身體免疫力降低等疾病，同時也會造成平日不易專注、情緒不穩定，甚至肥胖等問題。

遠離人工調味料、食品添加物或過度刺激性食物

人工調味料、食品添加物或刺激性食物會影響身體的能量場，增加肝、腎負擔，吃下去之後很容易引起身體的排斥現象，甚至出現過敏、氣喘、異位性皮膚炎等毛病。

告別動物性食品

植物、動物與人類一樣都有身體和氣體，所以植物也會對環境產生不同反應。但是與植物相比，動物和人類多了一個「情緒能量場」（或稱為「星芒體」）。佛教則稱之為「有情眾生」，而將植物歸納為「無情眾生」)。動物跟人一樣都有情緒，養過寵物的人都知道，貓、狗也有快樂、悲傷、氣惱，甚至吃醋和嫉妒的情緒，與人類沒什麼兩樣。所以當動物被宰殺時，就像人類面臨被屠殺或謀殺一樣，會出現悲痛、恐懼、嗔恨、哀怨的心情，沒有一種動物會心甘情願、歡喜地被殺！

當我們食用動物身體時，牠們的情緒能量場就會成為我們能量場的一部分。現代人因肉吃得多，所以不易控制情緒，常會覺得莫名其妙便情緒不好，易怒暴躁，感覺沮喪，殊不知自己在無形中已經不是自己情緒的主人了。肉吃得多，身體能量就會躁動不安，有些人還以為這叫做有活力，完全是錯誤的觀念！少吃肉，多吃蔬食，人會比較平靜；如果平常很少有平靜的感受，偶爾的平靜，反而會讓人誤以為自己是不是「沒有力」。

身體的能量場變化也需要時間去適應，吃蔬食的人力量不會比較小，而且耐力一般會比較長久，但爆發力（不安的躁動能量）則會相對的較少。觀察動物就知道，馬、牛、駱駝、大象等能耐久扛重的動物，其實都是蔬食者。

建議大家可以慢慢調整，從減少吃肉，多吃蔬食開始。初期改成蔬食的時候，因為身體能量變輕盈，的確容易感到飢餓，這時炒菜時可以多放點油，或添加一些豆類、堅果類及根莖類食物。如果有吃蛋奶，可以選擇焗烤的料理。餐與餐之間可以補充一些水果或堅果等點心，慢慢就會習慣。等到吃素一段時間後，就會感覺精神越來越集中，身體越來越不容易生病！

其他要少攝取的刺激性食物

有些破壞力較強的食物，因為具有刺激性，所以會引起情緒不穩定，連帶地就影響腦波進入專注狀態，**蔥**、**蒜**、**韭菜**就是這類食物。當你需要專注或是想讓小孩專心時，就不要吃太多容易讓情緒不穩定的食物，例如：糖、加工品或刺激性食物，也要少吃精製的碳水化合物。

多攝取全穀類、全麥類和適量水果，以及大量不同種類的根莖蔬菜、無添加物的各式堅果，將使人不易暴躁或產生疲倦感，同時提升活力、注意力和專注力。

三、無法處理煩惱及壓力

現代人煩惱多，煩惱工作、煩惱同事、煩惱孩子……凡事皆可煩。其實會煩惱是因為不能活在當下，而進入白日夢不斷的幻想裡，只看到別人的問題或行為，煩惱他人為什麼不照著「我要的」方式來過「他們的」生活，可笑地期待別人按照自己的方式活，總是聚焦在尚未完成的工作，不斷累積壓力，卻不能專注地從事正在做的事或正要讀的書。也因為沒能專注在當下，效率就更差，感覺壓力更大。

其實，我們應該常常提醒自己：**每件事都回不去；每件事都會過去。**凡事無須想著如何放下，只要專注在當下，很多事自然而然就會放下。

開始練習把自己拉回當下的時候，思緒會一直被牽引，因為我們已經太習慣那樣的模式，不過只要持之以恆地練習，一意識到自己又在胡思亂想時，就趕緊把自己拉回當下，無須對自己產生排斥或失望，慢慢地，就不會老是思來想去地自尋煩惱了。

練習活在當下，可以用以下的方法：

禪修或內觀

透過禪修或內觀，可幫助個人專注在當下，雖然效果較緩慢，但長期練習下來，對於靜心和專注力非常有幫助，可增強生命力。不過，學習禪修或內觀要慎選學習對象及場所，建議可到「法鼓山」參加禪修訓練，或是至「台中內觀中心」學習內觀。

調整能量場

調整能量場是效果快速而明顯的做法，但還要配合內省修心，專注力才能持續（有關能量運動，請參考附錄）。

四、過度使用3C產品、接收過多媒體刺激，且缺乏接近大自然的運動

現代人不愛運動，又愛看電視，容易導致分心。看多了媒體的負面新聞報導，會讓人情緒焦慮不安，無法平靜，所以建議慎選節目，支持大愛台或公共電視等好的媒體。

此外，現代人生活中使用的3C產品越來越多，隨時隨地手機不離身，因而在體內累積了一大堆負能量。建議大家有機會的話，可以到戶外走走，赤腳踩踩草地。

另外還有一個方法：拿一個不鏽鋼湯匙，用圓勺凸的部位在腳底畫出「8」的形狀，可以達到消磁功效。「8」的形狀與人體基因「雙股螺旋體」（double helix）形狀類似，代表著人體的能量場，像是無限符號「∞」。

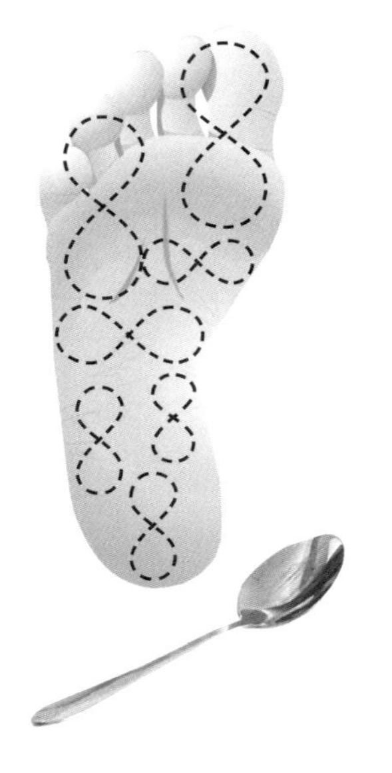

● 腳底各處都可以畫「8」，直畫、橫畫都很好，可以消磁。

集中注意力的能量調整法（請參考附錄與本書附贈DVD）

不專心，是因為心亂使氣場受到擾動，或是本身氣場呈現渙散所導致的結果。除了可以透過內觀或禪修來讓自己靜心養性外，平日可以練習以下三項動作來幫助調整能量。

一、敲三處

1. 首先，將三指或四指併攏，用力敲鎖骨下方和旁邊各一公分的俞府穴三十秒左右。很多人因為敲了會痛，所以就輕輕地敲，這樣是沒有作用的，要用點力道，敲得聽起來像打小鼓一樣咚、咚、咚才有用，敲了以後，精神馬上就來了。

2. 第二個動作是找出兩乳頭之間與身體前中線交叉點，也就是所謂的「膻中穴」，一樣以手指用點力量敲擊。敲的時候如果覺得有點痛是正常的，敲一敲慢慢就舒服了。

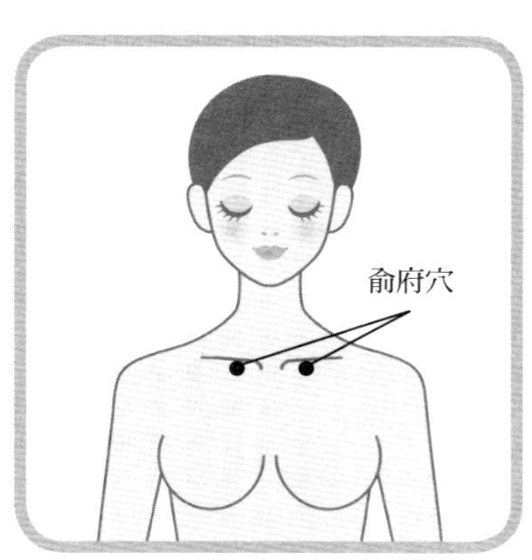

3.第三處是在乳下大約第六根肋骨的位置，也就是乳房下面偏外側，兩隻手以四指併攏用力敲擊。很多人敲這處會非常痠痛，尤其是脾胃弱的人，這時就更要多敲，慢慢脾胃就會強健起來。

二、讓氣場交流

這動作針對容易健忘的人十分有效。有的人走到廚房要拿個東西，一到定點卻完全忘記到底要拿什麼；或者拿起電話撥號，結果記不起來到底要打給誰。對於這種容易健忘的人，手腳交叉的動作非常有幫助，對慢性疾病的幫助也很大，可以常常做，對身體很好。

手腳交叉的動作主要是要讓手腳氣場能夠交叉，首先將右手和左腳同時抬起，然後讓右手肘碰觸左膝，接著換手。如果腳抬不了那麼高，手肘碰觸不到膝蓋的話，就先用手掌碰膝蓋，重點是讓氣場能夠交流，幫助氣場流動順暢。

有些人因為記憶力衰退已久，光是做交叉的動作，一下子很難調整，因為氣場反向流動太久，所以要先順著原本能量場的走向來慢慢調節，利用原本的能量場順勢利導。首先將同一邊的手腳抬起，左右各十二次；再輪流抬起右手左腳和左手右腳各十二次；接著重複同手同腳抬起，左右各十二次；然後同手同腳抬起各十二次；最後再做交叉抬起的動作二十四次。一天如果能夠做個三、五回，慢慢地記憶力就會增強回來。

三、維恩庫克法

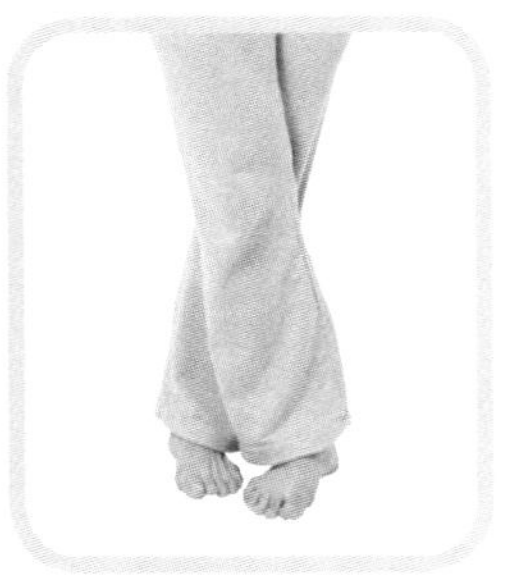

1.先放鬆站立或坐好，雙腳交叉，然後雙手交叉反轉後置於胸前，深呼吸六次。

2.把手放開（雙腳維持交叉），抬高雙手將五指互碰合成三角形狀，大拇指擺在兩眉中央的第三眼處，深呼吸兩次。

3.完成後，以雙手手指按壓頭額部中線再向外撥開。

這套動作做下來，對於集中注意力和提升記憶力都很有幫助。

每天五分鐘，快速提升能量

能量調整法三動作＋深呼吸

對於平常不易養成運動習慣的人來說，如果發生頭痛、肩頸痠痛、使用電腦引起的肌肉僵硬或身體疲憊不堪時，可以花五分鐘做前頁「集中注意力的能量調整法」三項動作，快速恢復體力和專注力，提升效率。

另外還有一個**更簡便的方法，就是「深呼吸」**。先深深吸氣，將全身緊繃到極點後再緩緩吐氣，吐氣後全身會跟著放鬆。每回練習五到七次，身體就會很放鬆。

能量影響專注力

有一位年輕老師總是感到很疲憊，覺得自己帶到一個最不聽話的班級，學生上課總是不專心，不是東摸西摸做自己的事，就是聽課時打瞌睡或跟其他同學講話，她覺得現在的孩子好難教，實在很氣餒，雖然費盡心力想提高學生的學習力，但學生根本聽不進去，讓她好想放棄。

我檢查了她的能量場，發現她的能量場很散漫，平行而沒有交叉，所以要她練習前述三種幫助專注力的動作，告訴她可以請班上的孩子一起做。三個禮拜以後回診，她的精神狀態好了很多，不再容易累，做事也變得有效率。我問她有沒有帶著孩子一起做能量運動，她說不需要耶，因為她發現自己開始做能量動作後，孩子們都可以專心聽課，不再像以前一樣坐立不安了，原來，自己才是問題的核心所在啊！

如果學生聽老師上課會想打瞌睡或無法專心，其實很可能是老師的能量場出了問題。有些時候我們去聽演講，會發現台下很多人在打瞌睡，可能也是演講者的能量場太散漫，散漫的聲音能量影響了聽眾的緣故。我曾經為親子進行諮商，發現有些媽媽講話，孩子都聽不進去，讓媽媽感到生氣。事實上，是媽媽的能量場影響了孩子，只要媽媽把能量場調整好，孩子就能聽得進媽媽的話了。

無法專注和健忘的問題，必須從飲食、生活作息和能量場三管齊下，一起調整。依照我的經驗，只要飲食上盡量少肉多素、少加工品，睡眠充足，再配合能量動作調整法，除非本身有其他身心狀況問題干擾，否則通常都能有顯著的進步。

第6章

要健康 也要能量

養生非難事，只要把握原則、注意細節，就能讓身體能量維持在理想狀態，提高工作效能，讓各方面表現都更出色！

影響身體能量的因素

身體的垃圾來源主要有二：一是飲食不當、使用化學或有毒物品、環境污染等外在因素。另一項則是不良的生活習慣、錯誤心念、負面情緒等內在因素。醫學研究顯示，容易沮喪、肥胖，以及晚睡、日夜顛倒、暴飲暴食、偏愛肉食、抽菸、喝酒等生活習慣不良的人，得到癌症的機率較高。

喝對的水、吃對的食物（完全蔬食，避開魚肉蛋奶或相關製品）、常做培養氣血運動、適當調節能量，不熬夜、少接觸負面媒體訊息等生活習慣，都是提升免疫力的重要方法。而其中，「正面思考」是提高身體的免疫力的大推手。在此，我要分享大S的一個親身體驗。

有一次在餐桌上與大S閒聊，她說近日拍片非常忙，常常一天只能睡一、兩個小時，而且片場溫度落差很大，有時冷到零下一、二十度，有時卻熱得要命。令我好奇的是在這麼惡劣的情況下，為什麼她的皮膚還保持得那麼漂亮？大S的回答，讓我驚訝又佩服。

原來每天拍戲無論到多晚、多累，大S寧可犧牲睡眠，也一定會花上兩小時仔細卸妝。卸妝時，她還會不斷地感恩身體的每一部分，例如：一邊做眼部卸妝，一邊感恩眼睛的付出，特別是有時演到哭戲，讓眼睛非常吃力，所以很謝謝眼睛的辛苦……就這麼仔細地從頭卸妝到腳，也從頭感恩到腳。這種對身體正面感恩的成效驚人，不但有助於排解壓力，也因為愛和鼓勵讓身體的細胞獲得養分，而讓大S擁有明亮動人的美貌。

影響身體能量的十大原因

養生非難事，只要把握原則、注意細節，就能讓身體能量維持在理想狀態，提高工作效能，讓各方面表現都更出色。以下是十個可能影響身體能量的因素和相應做法，大家可以檢視看看自己是否有需要改善的地方。

1. 慎選食物：吃對的食物，注重食物的品質、完整性與新鮮度。

2. 正確飲食態度：對食物的態度會改變食物的能量。懷著歡喜感恩食物的態度，會提高食物的能量；懷著討厭排斥食物的態度，則會降低食物的能量。

3. 喝足夠的好水：水不只要喝得夠，還要喝得好，可以

選擇好的淨水器來淨化自來水，使其成為好水。

4.攝取足夠的有益菌：發酵過的食物不但可以補充維他命B_{12}，其中的有益菌對身體也很有幫助。

5.充分的有氧運動：配合重力運動，可加強心肺功能，幫助血液循環，讓肌肉結實。

6.適當的伸展運動：拉筋、瑜伽、太極等伸展運動可以讓體型更完美，氣血更通暢。

7.五分鐘能量運動：每天只要五分鐘的能量運動，就能讓精神飽滿、專注力增強，提高讀書及工作效率。

8.適度放鬆及斷食排毒：試著找出讓自己放鬆的方式，身體才不會過度緊繃，而正確的斷食有助排毒，也能讓肌膚亮麗又健康。

9.足夠的睡眠和休息：好的睡眠勝過吃補，對健康超級重要。學著靜坐和靜心，更可以幫助身體和心情獲得修復。

10.培養正確的人生觀：學著正向思考、善解、感恩、愛與尊重，只有身心和諧，人才能夠真正健康。

情緒排毒可以治百病

心念排毒法的原理

就中醫的角度來看，「情緒劇變易傷心，輕易動怒就傷肝，操煩思慮則傷脾，憂愁悲哀多傷肺，恐慌懼怕總傷腎」。也就是說，五臟六腑都有相對的情緒問題。從能量的角度來看，情緒使身體產生反應，連帶會造成身體能量的耗損。試想，大發脾氣後，是不是總覺得很累？一個人在緊張時，心跳加快，同時腎上腺素大量分泌，血壓、血糖就跟著飆高。綜合來說，即每一個心念、每一種情緒，都會有相對應的經絡和情緒能量場。

很多疾病除了來自環境和飲食的影響，跟心理情緒也有很大的關聯。情緒來自心念，心不亂則不生情緒，也因此，體內排毒最根本在於排心毒。心會帶動情緒，情緒則帶動身體，當情緒卡住，感到緊張焦慮，身體變得緊繃，然後疼痛就會出現了。身體不舒服時，找人推拿或拉筋，看似解緩了症狀，但如果心念不轉，情緒就不可能轉，身體的問題還是沒多久就又復發。

心念影響健康的實例

有位女性朋友來問診，覺得自己全身都有病痛，除了牙齦、喉嚨不舒服，也經常頭昏腦脹、雙腳無力，走起路來重心不穩。更令她氣惱的是，這種狀況持續三年多了，但醫生卻說她健康良好，沒什麼問題。我也幫她做了詳細的檢查，翻閱歷年的檢驗報告，發現她的確是沒有什麼大問題。於是，除了幫她做能量調節，我開始從心理問題切入，希望能改變她的心態，幫助她學習正面思考。

通常，頭暈的症狀會發生在對事物思緒不清楚的人身上；走路不穩代表害怕，不敢勇敢邁步走出去；牙齦和喉嚨問題則反射潛在想罵人的衝動。

我問她：「這幾年發生過什麼事情或是有什麼人，讓妳感到特別憤怒、想罵人、感到掙扎或害怕嗎？」起初她一概否認，經過引導溝通，她才承認自己為了丈夫股票投資失利賠錢的事而覺得氣憤，心理上感到既不滿又不安，所以一再以自己的健康因素來要求丈夫停止投資。

我再問她：「一旦妳的身體好了，是否就同意妳的先生繼續投資？」她說，無論如何都絕不允許丈夫繼續投資。

這位女士本身是個事業女強人，個性硬、氣勢高，在潛意識裡想利用身體上的病痛來威脅、控制丈夫不要再投資。她的症狀並非身體上的無力感，而是心理方面的無力反應在身體上。她對丈夫不認同，致使她的丈夫為了證明自己，想要快速致富而投資股票，卻投資失敗，讓做妻子的更不認同，形成了惡性循環。

若她不願意改變心念，學著認同丈夫，就只能讓身體繼續痛苦下去，唯有調整心念，她的身體才會好轉。

心轉氣就轉，健康自然來

臨床上常見類似心理導致生理的問題，就是創傷症候群。很多老人家因為子女或是伴侶突然過世，強烈的思念無法排解，就轉成身體的病痛來表達心理痛苦，因此三天兩頭往醫院跑。事實上，如果能協助先處理心念，再調整能量，有些病痛就能不藥而癒。

一切唯心造，心願意改，情緒就會改，行為和氣場自然會跟著改；行為、氣場改了，身體就會改；身體一改，很多問題就會改善了。簡言之，**心轉，氣就轉，氣能通暢就不阻塞，身體就能跟著改善，進而重獲健康。**

要信任醫生，也要保護自己

這樣看醫生，避免被誤診

輪轉跑醫院可能延誤病情

有些人一個醫師看一次看不好，就會跑去找別的醫師。一般醫師一診要看數十位甚至上百名病人，所以無法詳細地檢查和問診，多數是先根據可能性最高的原因來開藥，如果沒有好轉，才會做進一步的檢查。但有些病人會到處跑醫院、看不同的醫師，所以醫師很容易重複開藥或做檢查，反而會延誤病情。

看病歷程要自己記錄

在美國因為保險問題，看醫生沒有台灣方便，病人得固定給家庭醫師診治，所以家庭醫師會先根據最可能的病因來開藥，如果沒效，再進行第二種可能性的排除；若家庭醫師無法處理，才會轉到專科醫師。轉診時，在病歷上會交代清楚：病人曾經做過什麼檢查、已經排除了哪些疾病等等，讓下一位醫師無須一再地重複開藥或做檢查，降低延誤病情的可能性。

台灣因為沒有完善的轉診制度，所以我建議大家自己要做記錄，例如：咳嗽原因可能很多種，看了哪些醫師、開了哪些藥（一定要跟醫師拿處方箋）、有什麼反應、做過哪些檢查（要跟醫師拿檢查報告或結果），這些資訊對下一位醫師做鑑別診斷時會有非常大的幫助。同時要問清楚如果症狀沒改善，何時還需要複診。

就診時要實話實說

有些人害怕看醫師，盡量避免面對問題，所以會主動告知醫師「應該沒什麼問題」，例如腰痠背痛，有的人會告訴醫師可能是搬東西扭傷了。我曾遇過幾位患背痛的病人，他們一開始沒有很在意，主動告訴醫師可能是扭傷，所以醫師開了止痛藥，病人自己也陸陸續續到藥房拿止痛藥吃，拖到後來才發現是攝護腺癌或肺癌轉移到了骨頭！所以在就醫時，不要自作主張的告訴醫師病因，醫師很忙，通常如果你自己這麼說了，醫師可能不會進一步地思考或檢查，就先幫你開個止痛藥試試看，反而可能延誤病情。

我也曾遇過這樣的病人，明明肚子很不舒服，脹得越來越大，卻告訴醫師只有一點點不舒服，可能吃壞肚子，或是最近吃太多變胖了等等自我安慰的話，如果剛好醫師也很忙，就順水推舟，延誤了病情診斷。就診時應該要實話實說，該面對的就面對，有問題時早點知道、早點處理，才不會讓小病變大病。

不要害怕生病。身體只是來幫助我們成長與學習的工具，工具壞了，就要維修，如果真的無法維修了，我們只好放掉它，再換個身體重新經歷另一段的生命成長與學習。

自己要注意身體的警訊

很多人以為只要健康檢查沒事，就代表身體健康。其實健康檢查只是一些基本的檢驗，許多時候，身體有了癌腫瘤，指數都還是正常的，或是功能已經下降，數字卻沒有變化，還呈現所謂「正常值」。要注重保健，平常就宜多注意身體出現的警訊，如：容易疲累、痠痛、食慾改變、皮膚亮度改變或長出奇怪的大小疙瘩，即使醫師告知那些疙瘩是良性的，但那是因為體內已堆積了相當的垃圾，或相關的經絡阻塞不通了。身體的表面其實也是在反應身體內部，所以千萬不能輕忽。

接下來就針對常見的幾項身體警訊，提供大家減輕這些病痛、解決困擾的好方法。

肩頸僵硬與心念有關

身心相通，讓氣血流動

張女士是一位五十多歲的保險業小主管，近半年來飽受五十肩困擾，試過復健與推拿，也打過止痛針，效果都非常有限。經過一番詳談後，我了解到她的工作壓力很大，尤其是有一位同事讓她飽受威脅，總是在背後說她壞話，令她很生氣。我一面幫她調整情緒能量場，一邊跟她分享如何學習接納不同的人、不同的看法和不同的做法，只有願意與他人合作、彼此關懷，我們才能真正地放鬆自在。不久後，她赫然發現，已經有很久舉不起來的手居然可以高舉過頭了！

遇到因情緒而導致身體出現不適的病人時，我的做法除了調節情緒能量場之外，同時也讓對方學習如何去接受自己與他人的差異，對事情保持開放、有彈性的態度。心打開了，肩膀就能放鬆，身體能量通暢，疼痛立刻就會消失。

現代人幾乎脫離不了肩頸僵硬或痠痛，上班族尤其常見。大家都把痠痛歸咎於生理問題。實際上，肩頸痠痛經常跟人際關係有密切相關。人際關係處理不好或人際關係緊張者，例如得努力協調很多人事問題的小主管，很容易出現肩頸僵硬的問題。

從人格特質來分析，個性比較強、容易生氣，或是自我要求高，老是堅持己見的人，也比較容易出現肩頸僵硬的問題。經常看到掛病號治疼痛的人，總是表面強悍、頤指氣使，事實上卻是內心自卑，怕被輕視，所以把自己偽裝得像刺蝟一樣，導致身體長期緊繃，嚴重的甚至頸部還會長出骨刺，或是年紀輕輕就出現五十肩。

身和心是合一的，很多時候疼痛只是一個情緒卡住，能量無法順暢地流動反應在身體的現象，只要能打開心念和情緒，氣血就能流動。身體跟心念往往相通，疼痛來得快去得快，很容易治，但若心念不願意改，就會一再卡住，讓痠痛不斷發生。我們的經驗是透過能量調節，很多病人都會明顯好轉，但如果放不掉固有想法，很容易再度復發。

放鬆肩頸的伸展拉筋法

有幾種對放鬆肩頸很有幫助的伸展拉筋法，容易肩頸緊繃的人可以多做：

1. 雙手向上伸直，手心朝內，腳踩弓箭步的姿勢。
2. 做臥式拉筋時，將頭垂到椅子外的姿勢。

不要小看腰痠背痛

找出氣血堵塞的根本原因

背痛多是因為肌肉氣血不通，導致僵硬所造成。許多人以為背痛是因為拉傷或提重物所致，其實受傷的部位如果本來氣血暢通，就算遭受外力也未必會造成太大的影響。會產生劇烈疼痛，應該是本身就氣血不暢，或有結構性的問題。就像有些人因為走路跌倒造成骨折，就以為骨折完全是因跌倒引起，但是如果骨頭正常，沒有骨質疏鬆的問題，一般跌倒並不會造成骨折，就像小孩或正常的成年人，即使跌倒好幾次也不會發生骨折。

同理，處理背部拉傷或是疼痛的問題，要找到氣血堵塞的根本原因。也許是長期身體結構異常，如：脊椎側彎、骨刺、骨質疏鬆所造成壓迫神經等遠因；或是氣血循環不良，造成肌肉僵硬的近因。

當有疼痛時，很多人都習慣仰賴按摩、針灸、推拿或吃止痛藥等方式來獲得緩解，其實這些方式都只能短暫地排除疼痛，如果不能調整疼痛的根本心理因素，問題終究是要再發的。

背痛與不安感有關

一般人經常發生的腰痠背痛，臨床經驗發現類似下背的疼痛，與缺乏安全感——特別是對金錢的不安有關。關於金錢或經濟上的擔憂，甚至是為了別人擔憂，比如擔心子女或照顧戶的經濟狀況擔憂，都會產生類似的背痛症狀。當物慾超過經濟能力，就會造成經濟壓力，經濟壓力除了產生腰背疼痛，也會導致失眠。不過，這種精神上的不安感，不見得有錢人就能免除。

有一位妙齡女郎深受劇烈的背痛影響，看來並無明顯外傷或拉傷，病人也沒有特別激烈的運動，檢查結果並無任何肌肉異常。一般來說，脊椎象徵生命的支持力，這位女子背痛的部位是在中間，和被卡住的心理能量與懊悔、內疚，或是罪惡感相關聯。經過省視情緒，她提到前陣子對某位朋友的行為很不認同，忍不住四處宣揚，後來深感不妥和內疚。我幫她調整情緒能量場，並開導她，已經造成的事實無法改變，但是可以改變態度！試著接納已成的事實，並真心祝福那位友人，請她在心裡虔誠地說：「真的很抱歉，請求你原諒我對你所造成的傷害，我已經明白，不會再到處說你的不是，我願意學習尊重、接受你有不同的看法及做法，我也會珍愛你如同珍愛我自己，感謝你願意原諒我的過錯。」經過調整後，女子的痛點便完全消失了。

多做養氣、養血又養心的運動

當心沒有卡住時，身體能量場就不會卡住。一旦情緒的負能量累積越多，身體的彈性就越來越差，這跟年紀無關。不見得年紀大了彈性就一定不好，累積了過多的負能量，才是讓身體僵硬、不協調的主因。

平常可以多做第四章建議的瑜伽、太極等養氣、養血又養心的好運動，這些伸展性的運動可以讓身體保持柔軟，自然減少拉傷的機率。

在此要特別提醒，很多人背痛會穿戴護腰輔具，事實上，長期佩戴護腰對身體並不好，成天綁著護腰會讓肌肉萎縮，要特別留意。

多做瑜伽有助於保持身體柔軟，減少拉傷的機率。

慢性肝炎、肝病與乾眼症

台灣慢性肝病的患者很多，特別是慢性B型與C型肝炎。早期台灣共用針頭或消毒不完全的診所比比皆是，容易造成傳染，所以我也遇過病人家裡有母親得B肝，孩子得C肝的情形。除了傳染，另一個得肝病的原因是強迫喝酒、敬酒的文化，導致台灣的肝病患者比例明顯增加。

近年來，因飲食精製化、油炸物、加工品、荷爾蒙與化學添加物的濫用，更增加了不少肝膽的負擔。除了飲食之外，不當的生活習慣，如：晚睡、熬夜、不愛運動，更是讓我們的肝臟雪上加霜。養身離不開養心，肝不好比較容易生氣，而生氣又容易傷肝，對肝更不好，所以一定要避免如此的惡性循環。

調整肝能量的方法

肝開竅於眼，肝不好，眼睛很容易乾澀，關節容易腫痛發炎，人也容易疲倦，調整肝的能量也可同時減緩這些狀況。以下分享幾種調整肝能量的方法。

1. 雙手輕放在右腹上方肝膽位置，觀想綠色的光

如信仰佛教，可以觀想觀世音菩薩或藥師佛；如是基督徒，可以觀想上帝或神；如果沒有信仰，就觀想宇宙最高的力量，把綠色的光照進肝膽，讓肝膽的細胞越來越健康，越來越有能量，讓肝膽細胞慢慢修復，身體越來越好，越來越舒服，越來越充滿能量，從佛菩薩、神、上帝或宇宙最高力量而來的能量和光，充滿了全身，幫助身體得到最佳修復，快速地痊癒。這時，可以隨心發個出自內心的好願，例如：身體好了以後，願意用這個好的身體做更多好事，幫助更多的人。

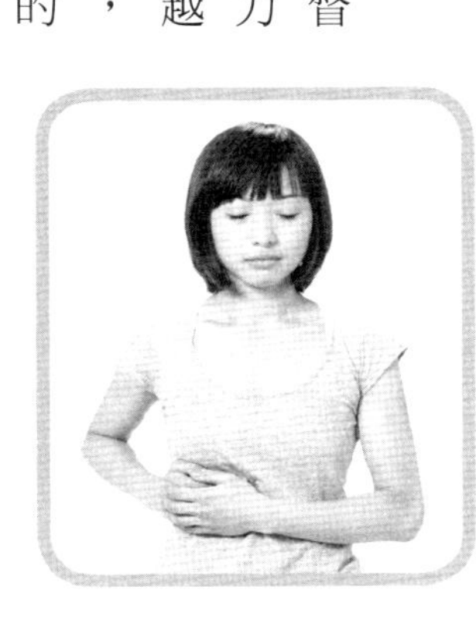

2. 雙手輕放在右腹上方肝膽的位置，右手在下、左手在上，慢慢地吸氣、吐氣

吐氣時，輕輕地發出「噓」的聲音，想像自己正在安撫一個受傷的小孩。這個方法對因嫉妒而引起的怨恨、惱怒尤其好用。

3. 躺在地上，雙膝彎曲，雙手握住腳踝把腳拉近臀部

保持這個姿勢，閉上眼睛做一次深呼吸。接著兩手繼續抓住腳踝，儘可能地放到臀部旁邊，膝蓋盡量往前拉，肩膀往後拉，感覺身體像被拉開，然後放開雙手讓膝蓋自然往兩

邊倒下，腳底靠攏。觀想能量像河流一樣，從腳的大拇趾沿著左右兩邊的肝經，順著深深的吸氣而上，然後吐氣、放鬆。這個動作是調整身體氣的循環，加強肝膽能量的快速方法。天冷做這個動作時，地上要鋪被子或瑜伽墊。

乾眼症與胃、肝、膀胱、膽相關

一般肝膽阻塞，雖然要考慮腫瘤及感染問題，但起因得思考是否常吃油炸食物、常外食（一般商家為了讓食物保久耐放、賣相好、口感佳、香氣遠傳兼經濟便宜，常常加了很多不知名的添加物），或是常發脾氣、生悶氣、沒耐性、習慣晚睡，甚至喜歡喝酒等問題。若不去除病因，很難根治疾病。

現代人成天盯著電腦螢幕，夏日又待在冷氣房裡，較容易覺得眼睛乾澀疲累。眼睛有數條經絡相連，跟胃、肝、膀胱以及膽都有關。肝血不足會造成眼睛乾澀，時間久了眼睛變得紅腫，腸胃也會痛。

不熬夜、不喝酒，晚餐不要太晚吃，最好不要吃消夜，都是調節肝氣應注意的事項。其實生氣就是所謂「動肝火」，容易肝氣鬱結，很傷肝的，因此，少生氣也可以預防眼睛疲累。

腸胃不適是常見毛病

現代人進食速度都太快，沒有細嚼慢嚥，所以胃表性發炎、胃潰瘍、胃酸逆流等胃部疾病很常見。吃得太多，造成腸胃負擔過重，也是腸胃出問題的原因。此外，若晚餐吃得太多或太晚，睡覺時，食物還在胃裡沒消化完，不僅胃得繼續加班工作，肝膽也要分泌膽汁，胰臟分泌消化酶和胰島素停不下來，大小腸也要保持吸收，身體因此無法得到完全的休息。

消化不良、飲食習慣不好、吃太多非天然食品，加上工作忙碌、生活緊張……種種壓力隨之而來的結果，使得鬧胃痛成了現代人的常見毛病。

吃太多、吃太快，容易造成腸胃出問題。

改善心念，同步調養腸胃

心念也是造成胃酸逆流、胃脹氣的主因之一。常年在慈善機構付出當義工、六十歲出頭的蕭女士，長期受胃酸逆流、失眠等症狀所苦，經常感到倦怠無力。雖然蕭女士自認是個有修行，修養也不錯的人，但她常有**脹氣、胃酸逆流、打嗝的問題，這通常意味著患者有難以接納或消化的意見**，包括對很多人、事、物看不慣，以至於內在有一股氣憋著，無法順暢地一吐為快。蕭女士其實也認為不應該看別人不順眼，所以當我問她有沒有什麼不順心的人事物時，她猶豫了一下才回答：「如果一定要找的話，就是我那個美國媳婦很不像話。」

原來蕭女士對於媳婦管教孫子的方式十分不認同，兩個孫子一個很瘦，一個卻很胖，媳婦只忙著自己的工作，做自己想做的事，沒有盡到當母親的責任，也沒有當母親應有的風範。蕭女士認為自己的兒子錢賺得夠多，根本不需要媳婦出去工作賺錢，媳婦應該要專心在家教養孫子，但兒子、媳婦都不認同她的意見，因此，她不僅嚴詞訓斥兒媳，對媳婦怨懟不滿，更為了這些事煩惱到無法入睡，嚴重影響到自己的作息及健康。在閒談中，她還提到，她原本與另一位兒子同住，一段時間後，兒子和媳婦就常吵架，後來也離婚了。

聽了她的敘述，我除了表達理解她的感受、肯定她對子女付出的心意，告訴她我明白她這樣的掛心與煩惱完全是出自於關心與愛，更與她分享我在美國長住的經驗。

美國的社會風氣開放自由，就像我十五歲時被送到美國讀書，就必須獨立自主地生活，美國的孩子因為教育方式與環境的不同，在性格上明顯與受到父母呵護備至的台灣孩子有很大的差異。子女被父母過度保護，容易習慣依賴父母，近年來所謂「啃老族」的社會問題就與父母過度寵溺小孩有關。

她擔心孫子學壞或營養不良的問題，其實並沒有根據，純粹是自己過度憂心所產生的誤會。即便是父母也沒有權利要求媳婦放棄工作和社交生活，待在家裡相夫教子，這應該是夫妻之間共同商量協調的結果，其他人不宜涉入，每個人為自己的生命負責之餘，不能強迫他人服從自己的意志。

我還請她設身處地來想，倘若只是教養觀念不同，卻常常被婆婆指責，要求按照婆婆的方式照顧自己的小孩，換作是她，她應該也會感到委屈和生氣；而對同住的兒子叨叨唸唸，讓兒子去指責媳婦，結果造成夫妻失和、離婚收場，這樣的結果並不是她所樂見的吧！

放開執著心，也放開了自己

老一輩的女性常為家人做出很大的犧牲，放棄自己的事業或夢想，這些犧牲背後經常藏著一顆不甘而怨懟的心，所以看到年輕一輩的女性有機會成就自己的夢想時，往往會表達強烈的反感，看似在壓迫他人，其實卻是捆綁了自己。

每個人都有他最好的因緣存在，為人父母者對成年子女應學會放手，過度的干涉與擔憂，除了造成子女的壓力，令人感到窒息壓力外，也是一種自我執著的表現，如果能去除自己這分執著心，將觀念稍作調整，任何事情都可能好轉。父母對待子女最好的態度，就是以身作則，尊重子女的人生選擇並祝福他們。

與蕭女士懇談後，她也慢慢看到自己的問題，在替她調整不斷打嗝的能量場，並教她幾個有益的運動後，她的腸胃脹氣和打嗝現象也跟著心念轉化而消失了。心轉，氣就轉，氣能通暢不阻塞，身體就能跟著改善。

從心理情緒來看，胃不舒服通常代表著抗拒。害怕新事物，恐懼改變，一旦對人事物產生排斥時，就會反應在腸胃上，有些人因為人際關係不良，或與父母子女出現代溝，都容易有胃脹氣的問題。

減輕胃不舒服的「掃帶脈法」

覺得胃不舒服時，可以試試「掃帶脈法」。「帶脈」是環繞在腰際的一條經絡，用兩手順著帶脈掃動，可以帶動能量，打開帶脈。掃帶脈就好像在掃地，順著同方向掃，掃幾次後再一起將雜物掃進畚箕裡一樣，所以做的時候是從一邊往另外一邊掃，不要掃過去又掃回來。方法如左頁的圖示。

做完左邊，再做右邊，兩邊各做三回，先做哪一邊都可以。

掃帶脈是非常簡單的動作，但相當實際好用，對於減輕胃酸逆流、胃脹氣都很好用。除了對照圖示，也可另外參考「九心喜悅—快速能量調節法」ＤＶＤ。

1.「掃帶脈」就像掃動腰上繫著的腰帶一樣，從左邊掃向右邊，重複四次。

2. 第四次時就順著往右大腿掃去，直到腳掌第二腳趾外側再掃出去。

長夜漫漫的失眠症

失眠主要受情緒影響

若睡眠品質差，會影響白天的生活及工作。然而，根據調查指出，台灣有失眠問題者竟然高達五、六百萬人，而且很多人有吃安眠藥的習慣。安眠藥吃多了會形成依賴性，影響腦部，使反應變得遲鈍。

常有失眠的人來找我治療，除了不易入睡之外，也包括經常作惡夢或多夢等睡眠障礙。為何會失眠呢？原因其實又多又複雜，中醫說是血虛、淤滯所導致，但是真正探究下來，不難發現失眠主要是受情緒影響所致。

現代人的煩惱多，擔心經濟、擔心工作表現、擔心不受賞識、擔心人際關係、擔心小孩……追根究柢，唯有調整面對壓力的態度，學習正向看待壓力，才能解決失眠問題。

規律的生活、良好的入睡環境以及消磁動作，有助於解決失眠問題，告別安眠藥。

告別失眠的方法

作息及飲食要規律

首先，生活要規律，盡量在固定時間上床，並且不要超過晚上十一點（請參考第四章的說明）。

想要一夜好眠，晚上不要做劇烈運動，以免讓交感神經過於興奮，不易入睡。此外，晚餐要在睡前至少四小時吃完。如果因太晚下班而無法早點用晚餐，就喝一點低卡路里、容易消化的食物，像是熱的薏仁茶、薑母茶等飲品，總之最好是早點休息睡覺。

晚上盡量不要吃肉類、海鮮等不易消化的食物，也要避免茶、咖啡、可樂等含咖啡因飲料及巧克力。同時不要吃太鹹，因為過鹹、過重的口味，容易使人喝下大量的水，半夜自然就會想跑廁所。不過，如果因為怕晚上跑廁所而不敢喝太多水，身體也會出問題，因為體內的電解質和血脂肪濃度若是太高，容易導致腎結石或心臟病。

經常半夜習慣跑廁所的人，也要留意是否有血糖過高的糖尿病症狀。上了年紀的人膀胱較虛弱，可以用能量調節法來加強膀胱功能，或是用拉筋方式疏通膀胱經及腎經。

調整良好的入睡環境

睡覺時，房間裡的光線要暗，最好不要留夜燈，如果怕黑，就用小燭光燈。因為睡眠時，大腦會分泌褪黑激素讓人入眠，如果視網膜接觸光線，松果體便會停止分泌褪黑激素。至於褪黑激素分泌的高峰時段在晚上十一點到凌晨兩點之間，這也是為什麼建議大家最好在十一點前上床睡覺的原因之一。

聽點和緩而輕柔的音樂也能幫助放鬆，有宗教信仰的人可以聽一點佛經或玫瑰經。睡前使用溫灸、舒眠精油、泡熱水腳、深呼吸、柔軟運動，或是去戶外踏踏泥土地，排掉身上的靜電，都能幫助入睡。

太熱或太冷也會影響睡眠。夏天時，冷氣不要開太強；冬天時，暖氣也不要開太熱。當然，溫度還是自然最好。常感手腳冰冷的人，代表末梢血液循環比較差，除了平常多做運動，少吃冰涼食物外，冬天睡覺時最好在頭部蓋個小棉浴巾保暖。

日常消磁妙法

現代人常常搭飛機往返各地，或者久坐辦公室長時間使用電腦。許多辦公室位於高樓大廈，甚至住家也在高樓，加上大家又常穿著膠底的鞋子，所以失去了與土地直接接觸的機會，導致磁場不協調，也就容易睡不安穩。

與土地的接觸和連結很重要，在下班後或睡覺前，可以赤腳踏踏草皮或泥土地，幫助消磁。

如果草皮或泥土地難尋，可以拿一根不鏽鋼湯匙，用湯匙的圓凸處貼在腳掌中央的湧泉穴，然後在腳掌來回畫8。剛開始如果身上的負能量場很強，或很久沒有真正地跟土地連結，或者剛下飛機，你會發現在畫8的時候很不順，卡卡的很難滑動，不過只要慢慢劃、輕輕劃，就會越來越順，一直要做到湯匙能完全順暢地滑動為止。

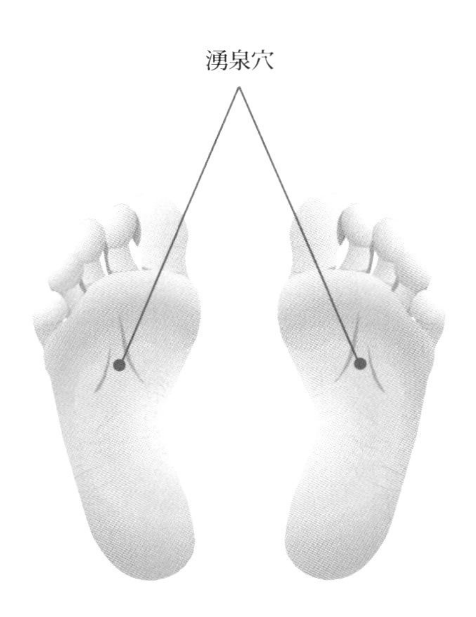

有苦難言的便秘問題

便秘的眾多原因

平日缺乏運動，易造成腸胃道蠕動較緩慢或胃腸不適，加上水分補充不足，飲食上又有著「高蛋白就是高營養」的錯誤觀念，食用了太多魚、肉、蛋等沒有纖維的食物，較少吃較粗糙但營養豐富的全穀類、全麥類，因而容易有便秘問題。

市售的便當中，新鮮蔬菜的分量少得可憐，多是炸的肉、滷蛋、火腿和精製米飯，常吃的話更會使便便秘問題惡化。

另外，有些西藥也會引起便秘，像是長期服用止痛藥、鎮定劑、抗憂鬱劑的人，也可能有便秘的煩惱。

黃女士的例子

黃女士是一家上市公司的董事長，外表時髦亮麗，看起來比實際年齡更年輕。她平常就注重飲食及運動，每週有三至四天去健身房跳有氧舞蹈來維持身材。凡事追求完美的她，事業、子女、丈夫等各種問題都要親力親為，對子女的功課及課外補習的要求更高，所以親子關係很差。她抱怨大兒子邁入青春期後越來越叛逆，常常晚歸，回家後房門一關，就不跟她說話，動不動就頂嘴，讓她覺得很不是滋味。

黃女士除了長期飽受便秘困擾，近來也覺得非常易累，花大錢做了五星級健檢也查不出毛病，照過腸胃鏡之後，除了胃表性發炎和兩顆小的大腸瘜肉外，並無其他問題。

一般人的便秘問題大多來自不當的飲食和生活習慣，但也有些人像黃女士一樣，即使相當重視飲食及運動，嘗試了許多方法，甚至長期服用軟便劑、瀉藥或纖維飲料，但仍無法解決便秘困擾。有些人以為瀉藥可以通便，就長期使用，殊不知瀉藥屬於化學藥物，長期使用會傷害腸胃系統，不可不慎。

太ㄍㄧㄥ的人容易便秘

長期便秘者需檢視自我心態、個性及處世原則。臨床經驗發現，通常個性比較ㄍㄧㄥ

的人，較無法也**不願釋放對人或對事的掌控，往往有過度控制的狀況**，該放手的卻緊緊抓著。就像當老闆的，雖然要了解及熟悉部屬的工作狀態，但也得學習信任他人與適度授權，如果凡事都習慣控制到極致而不放手，就會有無法釋放的壓力存在，進而影響身體的排泄系統。

經絡能量運動、心念轉換加短期斷食的配套治療

我們教黃女士在身體部分做經絡能量運動，如拍打臀部、掃帶脈、撥腿筋等（請參考附錄），協助調整及促進大小腸蠕動，同時也幫助她調整心理能量場，找出為什麼她會有如此高的自我要求及不願放手的個性。

黃女士的父親早逝，媽媽辛苦帶大五個孩子，身為老大的她從小被寄予高度期許，母親對她有諸多要求，她也責無旁貸地扛下照顧弟妹的責任，久而久之，她習慣凡事一肩挑起，也習慣對弟妹發號施令，要求他們完全聽命。在成長過程中，沒人告訴她要學習信任宇宙及他人，不能過度掌控，還要尊重每個人對自己生命負責的權利及義務。

更進一步地，她也非常害怕失敗與失去。經由我們的建議，黃女士在學習經絡能量運動、心念轉換及短期斷食的配套治療三個月後，已經不用再靠藥物而能順利排便了。

在生命中，任何事只要在過程中盡力了，結果只須坦然面對、接受及反省。對他人，包括自己的小孩，可以與他們溝通分享我們的想法，但也要學會放手及尊重對方的想法及

做法。每個人都有各自生命的選擇權及主導權，讓孩子們去學習自己作決定並承擔後果，才能學會為自己的生命負責。社會上有越來越多無法獨力生活的「啃老族」，很大的原因是父母管得太多，為子女作了所有的決定，無形中剝奪了子女學習為自己負責、以及為自己的生命下決定的權利與機會。

願意釋放，便秘很好治

其實便秘很好治，只要不事事要求完美，吹毛求疵地要求自己與他人，面對錯誤時只需好好反省改正，不用自我批判及貶低。錯誤或失敗的經驗經常會成為向上的動力，千萬不要凡事要求完美而過分苛責自己，若一味自責，只會帶來沮喪與無力感，完全無濟於事。相反地，我們應感謝生命中有這樣寶貴的經驗，才能讓未來的人生更有進步。

如果我們願意釋放，不再ㄍ一ㄥ得緊緊地，能量就不會卡在負責排泄的大腸裡，也就不會再有便秘的困擾。

按摩加食補，女性生理期好舒服

女性會有生理期不順、月經方面的困擾，都和子宮、卵巢有關，而子宮、卵巢的問題從情緒心理來看，大都跟親密關係和諧與否有關，尤其是與父母或親密伴侶的相處關係影響最大。如果和父母的能量不通順時，與親密伴侶的相處狀態也會有些問題。過去傳統東方社會仍存在重男輕女的觀念，間接影響女人排斥自己的女性特質，不喜歡自己身為女人，對於生殖器官或是月經更是隱諱不談。

生理期之前，因為荷爾蒙較不平衡，容易引起情緒低落、胸部脹痛、下腹部悶痛等經前症候群症狀。伴隨生理期而來的經痛一發作，甚至有人會痛到全身冒冷汗或是噁心、拉肚子，再不然也可能出現頭痛欲裂的情形。在排除子宮內膜異位、子宮肌瘤這些疾病後，經痛的調整也必須從生理和心理雙方面著手。

愛吃冰，是引起經痛的生理因素之一。而喜歡穿露臍、露背的清涼服裝，不注重保暖，或是為了控制體重而只吃水果、生菜等涼性食物，也都會造成下腹部問題。此外，常用冷水洗頭髮、吹冷氣，或是生理期間淋雨、玩水、泛舟、溯溪，都會加重經痛的問題。

在生理期間，可以熱敷肚子，多休息、多睡覺（晚上睡覺時要注意頭部保暖）。洗熱水澡則可以幫助骨盆腔循環，放鬆心情，避免緊張焦慮。

若是輕微的不舒服，做點瑜伽、伸展身體或走路散步，都有幫助。經絡按摩和能量調節對緩解經痛更有效。

子宮和卵巢跟肝、脾的經絡相關密切，可以藉由連接少府穴、大都穴、大敦穴、隱白穴四個經絡頭的穴道按壓來減緩症候。心經的少府穴在手心的第四與第五指的指縫。大都穴位於腳的拇趾內側第一節，連接方法如下：

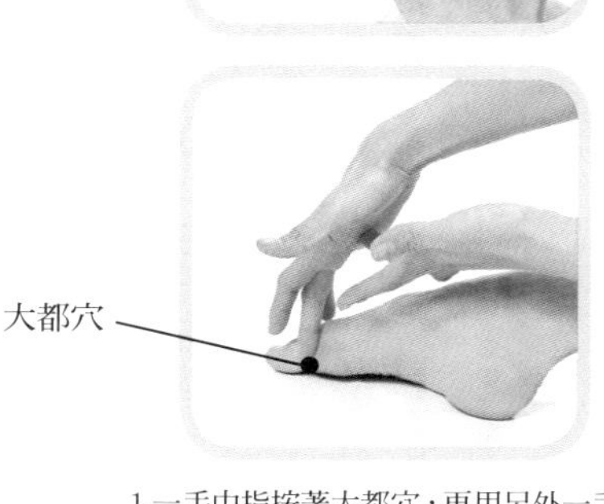

1.一手中指按著大都穴，再用另外一手去按少府穴，就可以將兩穴串連起來。兩分鐘後，換另一邊。

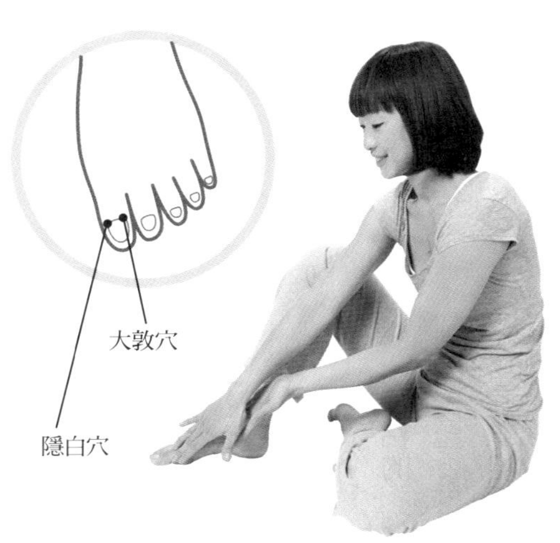

2.兩邊都完成後，將兩手各按住雙腳大拇趾兩邊的大敦穴及隱白穴各一分鐘。

覺得肚子脹脹的，很不舒服，可以針對陰陵泉穴位按摩來平衡荷爾蒙。不過，**孕婦絕對不能做**。陰陵泉位於小腿內側，膝蓋下方，脛骨頭端內側凹陷處，用手指頭逆時針按摩陰陵泉穴位十秒鐘後，再以二根指頭敲五秒鐘即可。

也可以利用類似的方法，按摩脾經的公孫穴跟肝經的中封穴，用指頭逆時針按摩十秒至一分鐘，再敲約十秒鐘，可有效減緩經痛或腹部悶脹。

接下來的經絡按摩也可以當成平常保健，幫助平衡荷爾蒙和加強能量場：兩手按住腳的兩側，然後順著內側往上按，再敲一敲鎖骨下方腎經起頭的俞府穴點，接著跳到腳部脾經的開頭處，捏一捏腳掌骨節最寬處，然後一樣從內側按上來到另一頭的大包穴敲一敲，一面敲一面深呼吸。敲個十到十五下，可以增強身體能量。

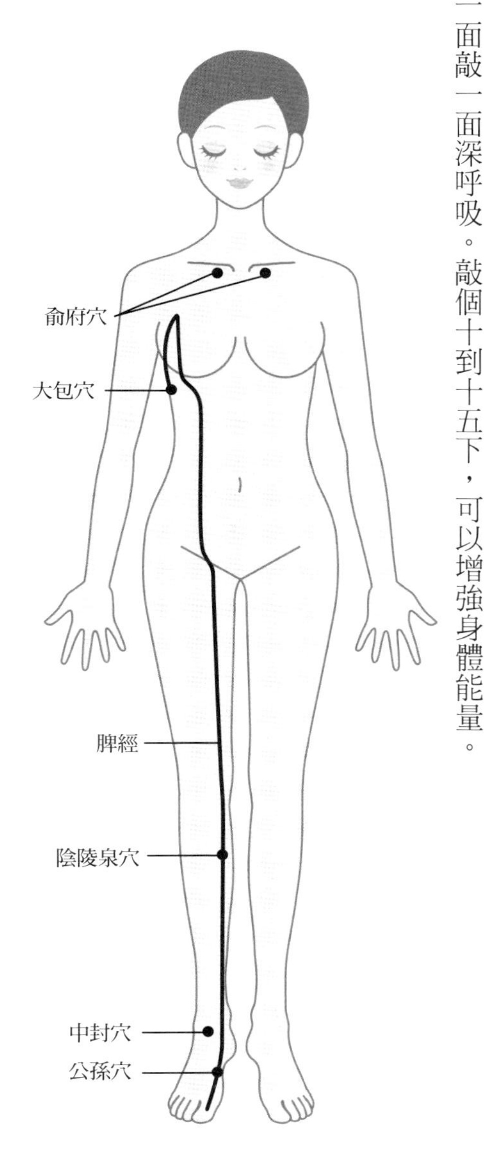

此外，可以多喝溫熱的飲料，如紅糖薑水或熱湯。至於民間常用的四物湯、中將湯，要注意飲用時機：

中將湯

在生理期前或來潮期間喝，但是中將湯的成分比較複雜，不見得每個人都適合，最好找醫生根據個人體質調配適合的藥方。

四物湯

生理期完全結束後才能喝。可以活血化瘀、排除血塊，改善月經不順、腹部脹痛問題。

當歸紅棗湯

如果氣血不足，容易貧血、手腳冰冷、頭暈或頭痛，在生理期完全結束後，可以試試當歸紅棗湯，補補氣血。

＊材料：當歸十克、紅棗十顆、黃耆十克、薑三～五片、水八碗、枸杞十五粒。

＊做法：將當歸、黃耆洗淨後泡水，然後將紅棗、枸杞及薑片和水一起放入鍋中，開火慢煲一至兩個鐘頭，熬成大約四碗分量即可飲用。

尿道發炎

一般來說，尿道發炎的原因可分為外因和內因：

外因

1.衛生棉的品質不佳：如果發炎的時間經常在經期來時或經期剛過，就要注意衛生棉的選擇。很多衛生棉含漂白劑、化學藥劑又悶不透氣，很容易滋生黴菌和細菌。最衛生、最環保和最省錢的方式，是用可洗滌式的全棉布製作的衛生棉，可以在網路上或有機店裡購買。如果怕麻煩，可以買無化學污染的拋棄式衛生棉（可參考附錄）。

2.喝水不足或習慣憋尿：很多人不愛喝水、忘記喝水或怕跑廁所而不敢喝水，所以代謝不好，易引起細菌感染。要記得多喝水，該上廁所就要上，不要憋尿，也不要喝含糖飲料。

3.愛用抗生素：抗生素即所謂的消炎藥，很容易殺死保護尿道的有益菌，讓病菌易滋生。

4.血糖過高：愛吃甜食、白米、白麵、麵包、糕點等精製澱粉類食物，還有糖尿病患者，都較容易尿道發炎。所以甜食或精製澱粉要少吃，以控制血糖。

5.性行為後的清潔：女性性行為頻繁或事後清潔不當也會造成感染，所以房事後要清洗乾淨。

6.愛穿人工材質，滑溜不透氣的內褲：盡量改穿純棉內褲，少用護墊，保持透氣乾燥。

7.有尿道結石或是攝護腺肥大的病人：也容易引起尿道感染。需先處理尿道結石或攝護腺肥大問題。

8.女性停經後，尿道炎的發生率會上升：婦女停經後，荷爾蒙產生變化，使得尿道乾燥，減少保護能力，較容易發生尿道炎，最好盡量用能量運動來提升免疫系統及讓身體能量場更加協調，以幫助降低感染機會。

內因

1.壓力大、免疫系統低下：可做能量運動幫助調節壓力和免疫系統，但還是需要調整心念，找出壓力來源。

2.抗拒房事，不喜歡與伴侶行房：我曾經治療過尿道頻繁發炎超過一年的病人，因為排斥與先生行房，但又不得不行房，所以每次房事後尿道就發炎。經調整情緒能量場及心念後，她不再排斥與丈夫行房，尿道炎就不再犯了。

附錄──

優良商號及產品推薦

- 第二十七頁〈「熱量」並不等於「能量」〉：「寶茶」販售的普洱茶，沒有熱量但是能量很高，喝了會讓身體覺得很舒服，個人非常推薦。
- 第四十頁〈甜分較低的水果最好〉：「梅莊」、「古意梅舖」或「寶茶」的梅子產品都值得推薦。
- 第四十頁〈好吃的零食選擇多〉：我很喜歡源順的「麻卡多」黑芝麻糖，不會太甜。
- 第五十頁〈挑選有機蔬果〉：較有信譽或是有認證標章的商家，如「主婦聯盟生活消費社」、「望德園」、「清淨母語」銷售的蔬果就很不錯。
- 第八十一頁〈煮出好吃的糙米飯〉烹煮小撇步：推薦用有遠紅外線功能的鼎上坩堝烹煮。
- 第八十七頁〈啤酒酵母醬〉：啤酒酵母推薦使用含較高維生素B群的「康迪」。
- 第八十八頁〈醬油膏加生鮮研磨山葵醬〉：里仁有機店有賣。
- 第九十六頁〈 精力湯的製作和重要二三事〉：精力湯的食材如果不是買有機蔬果，建議先用「海能量蔬果清洗劑」洗淨。

- 第九十九頁〈挑對刀具很重要〉：推薦德國原裝「雙人牌」的刀具。
- 第一〇二頁〈陶瓷鍋、燜燒鍋正確使用〉：高溫燒成的陶瓷鍋，推薦採用最新陶瓷科技製作的 Xtrema 鼎上坩堝。
- 第一〇五頁〈斷食第一天到第三天的飲品〉：推薦飲用「寶茶」的古樹普洱茶。
- 第一一〇頁〈斷食期間的每一天都要飲用太陽水〉：瓶身刻有「感恩」二字的藍色玻璃瓶，或是「感恩」兩字貼紙，可洽「寶茶」購買。
- 第一三〇頁〈衛生棉也要有機〉、第二〇〇頁〈衛生棉的品質不佳〉：有售可洗滌式全棉布製作的衛生棉網站如：www.harmonylife.com.tw/pag3.htm。無化學污染的拋棄式衛生棉，如 Natracare 的產品，在全省「聖德科斯」或網路商店 www.herbuy.com.tw/search/?k=%E8%A1%9B%E7%94%9F%E6%A3%89&c=2248 都買得到。
- 第一三二頁〈改用天然的自製洗髮精〉：推薦「海能量」的洗髮精。
- 第一三四頁〈認明清潔劑的成分標示〉：個人最喜歡「海能量科技公司」的家庭清潔用品。
- 有關第一一〇頁〈斷食期間的輔助療法〉、第一一一頁〈宿便排出後再慢慢復食〉、第一五八頁〈調整能量場〉、第一六〇頁〈集中注意力的能量調整法〉、第一八六頁〈減輕胃不舒服的「掃帶脈法」〉，以及第一九四頁拍打臀部、撥腿筋等能量運動：請另外參照「九心喜悅——快速能量調節法」ＤＶＤ。

為什麼有些病老是治不好？
58篇問診實證，全面療癒你的身、心、靈！

哈佛醫師心能量

許瑞云醫師◎著

人之所以會生病，其實常常是心理影響到生理，長期的壓力、不滿、憤怒、怨恨等等，都可能讓身體的臟器產生質變。所以醫病要先醫心，想要治癒那些反覆發作、無法根治的疾病，就要先回歸內心，不斷去觀照、調整自我的情緒和心念。哈佛醫師許瑞云深入研究能量醫學和自然療法，以實例和理論帶領我們從「心」出發，發現並解決那些埋藏在內心深處的恐懼和不安，不僅能讓我們的身體再度充滿活力，內心也充滿喜悅，無論生活還是工作，都將進入全新的境界。

小S現身說法，
哈佛醫師治好了她多年的胃腸毛病！

哈佛醫師養生法

許瑞云醫師◎著

曾是哈佛主治醫師的許瑞云，透過本身對中、西醫和自然療法、能量醫學的深入了解，加上豐富的臨床經驗，從飲食面切入，告訴你最完整、最正確的養生方式。只要掌握「吃對食物」、「選對時間」、「用對方法」三大原則以及關鍵的細節，就能讓你的身體輕鬆回復到最健康、最自然的狀態！

吃得愈黑，身體就愈健康！
2個簡單方法，就能讓你遠離醫生和藥物！

黑食

日本醫學博士25年見證，最有能量的黑色食材加上最簡單的早餐斷食，讓你的代謝力和免疫力迅速提升！

石原結實◎著

日本最知名的養生專家石原結實博士雖然早已年過花甲，卻依舊活力充沛，而且幾乎從不生病！他究竟是如何維持這麼健康的身體呢？石原博士說，其實你只需要這樣做:不要吃早餐！多吃黑色食材！他並針對現代人量身打造容易實踐、效果顯著的「黑食」食譜，讓你從此輕輕鬆鬆地健康、窈窕一輩子！

國家圖書館出版品預行編目資料

哈佛醫師養生法2：給外食族、上班族、壓力族的健康指南，從身體到心靈，全面安頓！ / 許瑞云．陳煥章著；-- 初版. -- 臺北市：平安, 2012.06
面；公分. --(平安叢書；第387種)(真健康；19)
ISBN 978-957-803-828-8(平裝)

1.健康飲食 2.養生

411.3 101009203

平安叢書第387種
真健康 19

哈佛醫師養生法2

給外食族、上班族、壓力族的健康指南，從身體到心靈，全面安頓！

作　　者—許瑞云．陳煥章
發 行 人—平雲
出版發行—平安文化有限公司
台北市敦化北路120巷50號
電話◎02-27168888
郵撥帳號◎18420815號
皇冠出版社(香港)有限公司
香港上環文咸東街50號寶恒商業中心
23樓2301-3室
電話◎2529-1778　傳真◎2527-0904
美術設計—王瓊瑤
著作完成日期—2012年3月
初版一刷日期—2012年6月
初版十七刷日期—2020年12月
法律顧問—王惠光律師

讀者服務傳真專線◎02-27150507
電腦編號◎524019
ISBN◎978-957-803-828-8
Printed in Taiwan
本書定價◎新台幣280元/港幣93元